Alfred Höhn · Die Straßen des Nürnberger Handels

ALFRED HÖHN

Die Straßen des Nürnberger Handels

Ein Streifzug durch Geschichte und Landschaft

VAH

VERLAG ALBERT HOFMANN NÜRNBERG

Titelbild: Frachtfuhrwerk vor dem Nürnberger Neutor. Ölgemälde von Johann Adam Klein (1834)
Das Bild vermittelt uns die letzte Blütezeit der schweren Lastfuhrwerke, die mit großen Plantüchern abgedeckt waren und von den Fuhrleuten mehrspännig gelenkt wurden. Der Wagen hat die Stadt durch das Neutor verlassen und nimmt Richtung zur Bucher Straße. Vielleicht ist Bamberg sein Ziel, wo die Fracht auf ein Schiff verladen wird, vielleicht auch Leipzig, wohin schon Jahrhunderte zuvor ungezählte Kaufmannskarawanen zu den Handelsmessen gezogen sind.

Gesamtherstellung:
Druckerei und Verlag A. Hofmann, Nürnberg

ISBN 3 87191 092 9
Auslieferung an den Buchhandel:
M. Edelmann, Nürnberg

Zur Einführung

Als Johann Adam Klein 1834 das Bild eines sechsspännigen Frachtfuhrwerkes vor dem Nürnberger Neutor malte, das den Titel dieses Buches schmückt, erlebte die „Fuhrmannsherrlichkeit" auf den deutschen Straßen ihre letzte Blüte. Nur ein Jahr später, am 7. Dezember 1835, vollzog sich unweit des Neutores, vor dem Spittlertor am heutigen Plärrer, ein epochemachendes Ereignis. Mit der sechs Tonnen schweren Dampflokomotive „Adler", die vierzig Pferdestärken auf die Schienen brachte, begann die Jungfernfahrt der ersten Eisenbahn auf deutschem Boden von Nürnberg nach Fürth. Niemand unter den zahlreichen Ehrengästen, den Passagieren und den ungezählten Schaulustigen, die zu beiden Seiten der mehr als sechs Kilometer langen Strecke standen, saßen, winkten und staunten, konnte damals voraussehen, daß die Eisenbahn binnen weniger Jahrzehnte einen so gravierenden Umbruch in der Verkehrsgeschichte hervorrufen würde. Die Straßen, deren Geschichte unter Einbeziehung der Antike nach Jahrtausenden zählt, mußten ihre hohe Bedeutung im Fernverkehr im Laufe der Zeit mit der Eisenbahn teilen, obwohl sie gerade erst durch den Kunststraßenbau der „Chausseen" einen so deutlichen Aufschwung erfahren hatten.

Seit dem Hochmittelalter sind die Straßen des europäischen Festlandes neben den Seerouten und den großen Flüssen die dominierenden Träger des Verkehrs gewesen, sie haben das politische, wirtschaftliche und kulturelle Leben mitbestimmt. Und bis zum Ende des Mittelalters war durch ihre Existenz ein festgefügtes und funktionstüchtiges System des Warenaustausches zwischen dem Orient und dem Okzident entstanden, in dessen Netz die Reichsstadt Nürnberg als Handelsmetropole Oberdeutschlands eine herausragende Stellung eingenommen hat. Die Straßen des Nürnberger Handels gingen in alle Himmelsrichtungen hinaus und liefen hier aus allen europäischen Ländern zusammen. Ihre Geschichte, die mit den Privilegien Kaiser Friedrichs II. durch den „Großen Freiheitsbrief" des Jahres 1219 begann, zeigt durch die Vielfalt der historischen Verknüpfungen auch ein überaus lebendiges Spiegelbild der Geschichte Frankens.

Diese Straßen waren in langen Zeiträumen gewachsen. Ihre Routen und ihre Ziele hatten sich aus dem Bestreben herausgebildet, mit den Städten im engeren Bereich und mit denen der Nachbarländer Verbindungen zu schaffen und zu erhalten. Sie dienten dem Austausch von Gütern des täglichen Bedarfs in gleicher Weise wie für solche des kulturellen Lebens und schufen damit die Voraussetzungen, daß sich Wachstum und Wohlstand ausbreiten konnten. Freilich wurden sie ebenso für Raubzüge wie für die kleinen und großen Kriege genutzt und brachten Unterdrückung, Elend und Vernichtung ins Land, wenn die Straßen des Handels sich in Heerstraßen verwandelten.

Wir wissen, daß diese Wegeverbindungen in vielen Fällen auf solche des frühen Mittelalters zurückgehen; doch mag es überraschen, daß auch moderne Straßen in Teilstrecken noch über jene alten Trassen laufen. Um so reizvoller ist es, ihren Routen nachzugehen und ihre Spuren zu verfolgen. Das soll bei unseren Betrachtungen überwiegend im Nürnberger Umkreis und in der Region geschehen, die das heutige Franken ausmacht. Jedoch heißt das keineswegs, daß der Verlauf dieser Handelsstraßen über Länder- und Staatengrenzen hinweg nicht ebenfalls einbezogen wurde. Und noch ein anderes kommt hinzu: die historische Entwicklung jener Epoche, die bis weit in die Neuzeit reicht, ist gleichermaßen eingeschlossen, wenn sich die Darlegung geschichtlicher Zusammenhänge auch auf die entscheidenden Fakten beschränken muß. Damit aber wird die Schilderung der Straßen des Nürnberger Handels zu einem aufschlußreichen Kapitel fränkischer Geschichte.

Vom Werden und Wachsen der Reichsstadt

Als das Karolingerreich nach dem Tode Karls des Großen durch die Spaltung in Deutsche und Franzosen um die Mitte des 9. Jahrhunderts zu Ende ging, war bis dahin von Nürnberg noch nicht die Rede gewesen. Unter den Namen aller damals im Raum des heutigen Franken urkundlich genannten Orte — und das sind nahezu fünfhundert — taucht es noch nicht auf. Mehr oder weniger umfangreiche Nachrichten besitzen wir hingegen von fränkischen Königspfalzen und Königshöfen, von Bischofssitzen und Klöstern. Sie waren unter den Karolingern zu Zentren ihrer Staatskolonisation gediehen, in welche die Kirche voll einbezogen worden ist. Mehr als dreißig der herrschaftlichen Stützpunkte dieses Raumes waren im Besitz des Königs, mehr als zehn in der Hand der Kirche. Die meisten von ihnen haben im Hochmittelalter Markt- und Stadtrecht erhalten, manche stiegen zu Residenzen auf: Aschaffenburg, Würzburg und Ansbach wie auch Bamberg als Nachfolger des älteren Hallstadt.

Erst im Jahr 1050 gibt es zwei Urkunden, in denen ein „Nuorenberc" — dessen Name zumeist als „Felsberg" gedeutet wird — in das Licht der Geschichte eintritt. Anlaß ist ein Hoftag Kaiser Heinrichs III. gewesen, den er hier abhielt. Da dieses „Nuorenberc" bald darauf als ein „castrum" bezeichnet wird, läßt es sich schon für die Zeit davor als ein befestigter Wehrbau mit zugehörigen anderen Gebäuden ansehen, die der Salier Heinrich nach seinem Regierungsantritt im Jahre 1039 dort errichtet hatte. Für den von ihm gewählten Platz gab es gewichtige Gründe. Es war sein Ziel, den Ergebnissen der Kirchenpolitik des ottonischen Kaisers Heinrich II. entgegenzuwirken, der 1007 das Bistum Bamberg gegründet und reich ausgestattet hatte. So baute er an der Südostflanke des Bamberger Bereichs, der dort an den ausgedehnten Reichsforst grenzte, auf dem strategisch außerordentlich günstig gelegenen Sandsteinfelsen seinen Stützpunkt *(Abb. 1)*.

Von nun an nehmen urkundliche Nachrichten über Nürnberg zu, und es läßt sich erkennnen, daß an der Südseite des Burgberges schon bald ein „suburbium" entstanden ist. Wie in vielen anderen Fällen ist auch hier der Name der Burg auf eine Siedlung übertragen worden, der schon Heinrich III. Marktrecht und das Recht auf Zoll und Münze verliehen hatte. Diese Rechte waren, wie wir durch eine spätere Urkunde wissen, durch seine Weisung vom älteren Königshof Fürth an Nürnberg übergegangen. Da Fürth seit 1007 zum Besitztum Bamberg gehörte, hat Heinrichs Sohn und Nachfolger die Privilegien wieder nach dort zurückgege-

Abb. 1 Die Reichsburg auf dem Felsen.
Der runde Sinwellturm, auch Vestnerturm genannt, war einst der staufische Bergfried des 12. Jahrhunderts. Er steht wie die Walpurgiskapelle und die Wehrmauern auf dem Bergfels und kündet von Nürnbergs großer Zeit. Für den Salierkaiser Heinrich III. war der hochragende Sandsteinblock über dem Pegnitzufer ein strategisch überaus günstiger Platz zum Bau eines „castrum" für die Sicherung des ausgedehnten dortigen Reichsgutes. Das geschah um das Jahr 1040 unweit zweier sich kreuzender Straßen, von denen eine vom Main zur Donau lief, die andere vom Rhein nach Böhmen. So bot die Burg auch für diese Schutz und den Kaisern Rast auf ihren Zügen. Danach von den Staufern zur „Reichsburg" ausgebaut, wurde sie die Stätte zahlreicher Hof-, Reichs- und Gerichtstage und ließ an den Hängen des Berges eine Siedlung mit Marktrecht wachsen, aus der durch kaiserliche Förderung eine mauerumgürtete Stadt entstand, die im Jahre 1219 als „Reichsstadt" deklariert wurde.

ben. Offenbar behielt aber auch Nürnberg seinen Markt, dem allerdings ein bäuerliches Umland fehlte, um ihn voll nutzen zu können. Fürth hingegen besaß durch seine Lage ein günstiges und für den Marktbetrieb großes Einzugsgebiet, während Nürnberg damals im Norden, Osten und Süden vom königlichen Bannforst umgeben war, in dem sich eine Rodung erst zu entwickeln begann. So lag es durchaus im Interesse der Kaiser, wenn sie ihren wichtigen Stützpunkt auf andere Weise zu fördern trachteten. Schon 1065 erscheint Nürnberg als Sitz einer größeren Krongutverwaltung, seit dem 12. Jh. läßt sich bereits eine große Marktsiedlung annehmen; in einer Urkunde Kaiser Friedrich Barbarossas ist 1163 erstmals von ortsansässigen Nürnberger Kaufleuten die Rede. Ihre Sicherheiten und Freiheiten, die sie im ganzen Reich genossen, waren damals bereits Vorbild für die Rechte der Kaufmannschaft in Bamberg und Amberg.

Nachrichten von Tätigkeiten im Handel und von besonderen Vorrechten gehen also bis in das 12. Jahrhundert zurück. Die Privilegien im „Großen Freiheitsbrief" Kaiser Friedrichs II., den er am 8. November 1219 „ad nostram carissimam civitatem Nurenberch" ausgestellt hat, sind aber nun so deutlich herausgehoben und vielfältig, daß damit entscheidende Voraussetzungen für das Aufblühen von Handel und Gewerbe gegeben worden waren *(Abb. auf Einband-Rückseite).*

Abb. 2 Die Orte der Nürnberger Zollfreiheiten nach der ▷ Urkunde Kaiser Ludwigs des Bayern vom 12. September 1332. Mit seiner Urkunde hat der Kaiser alle früheren kaiserlichen und königlichen Freiheiten bestätigt, auch die Zollbefreiungen in 69 Städten, in der Grafschaft Hennegau, im Königreich Arelat und auf der Donau von Regensburg bis Passau. Die Karte macht deutlich, wo die Nürnberger Handelsprivilegien lagen: in den Städten Brabants und des Hennegaus, am unteren und mittleren Rhein, an Maas und Mosel, am Main und Neckar und an der oberen Donau. Hinzu traten Orte in Lothringen, in der Schweiz, in der Oberpfalz und in der Nürnberger Umgebung, schließlich im Norden die Hansestadt Lübeck und im Süden das bis zum Mittelmeer reichende niederburgundische Königreich Arelat mit seiner Hauptstadt Arles.
Es waren Messestädte und solche für den Transithandel, andere lagen als Etappenorte an Fernstraßen oder hatten Bedeutung wegen ihrer Bodenschätze. Dabei fällt auf, daß mit Ausnahme von Lübeck die Städte der Hanse fehlen, auch solche in den Wettinischen Ländern und — außer München — in Bayern und ebenso die Handelsstädte Schwabens, Augsburg, Ulm, Ravensburg und Konstanz. Seit dem 14. Jahrhundert gelang es Nürnberg jedoch, diese Lücken teilweise zu schließen und seine Zollfreiheiten oder andere Handelsprivilegien weiter auszudehnen. In Flandern und Brabant kamen Brügge, Gent, Ypern und Bergen hinzu, in Franken und Schwaben Erbendorf, Baiersdorf, Rothenburg, Schwäbisch Hall, Schwäbisch Gmünd, in der Oberpfalz und in Böhmen Auerbach, Sulzbach, Pilsen und Prag, am Oberrhein Colmar, Basel, Laufenberg und St. Gallen, am gleichnamigen See Neuenburg, an der Rhône Lyon. Aber auch weit über die Grenzen des Reiches hinaus konnten Vorrechte für den Nürnberger Handel in einzelnen Städten erworben

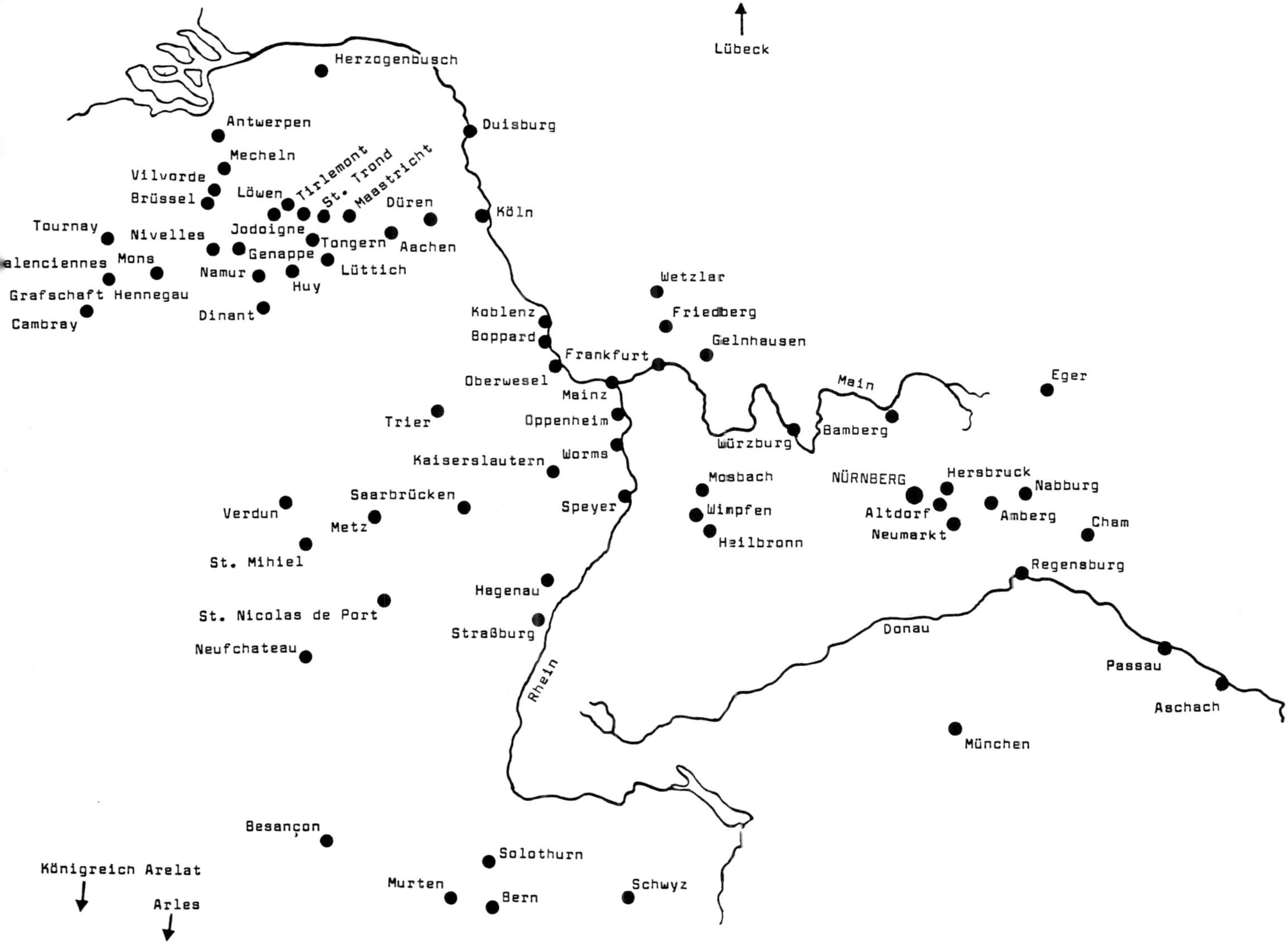

werden: im Osten in Lemberg und Krakau, im Süden in Genua, Mailand und Venedig. Und schließlich erhielt Nürnberg generelle Vergünstigungen in Flandern, Brandenburg, Böhmen und Bayern, im Herzogtum Österreich, im Engadin, in Kärnten, in der Steiermark, in Ungarn und Slowenien, in der Lombardei und im Königreich Aragon.

Dieses System gegenseitiger Handelsfreiheiten, das auf erste Privilegien der Stauferkaiser zurückgeht und später ausgedehnt wurde, konnte bis in das 17. Jahrhundert erhalten werden. Erst der Dreißigjährige Krieg und seine Folgen haben in der Neuzeit den Praktiken des mittelalterlichen „Freihandels“ ein Ende bereitet.

Weil Nürnberg weder Weinbau noch Schiffahrt hatte

In der Einleitung jener Urkunde nennt Kaiser Friedrich II. ausdrücklich seine Gründe für die besondere Förderung Nürnbergs: das Fehlen von Weinbau und Schiffahrt und die Lage in karger Umgebung. In der Tat waren das für die damalige Zeit erhebliche Mängel. Um so schwerer wogen deshalb die erteilten Privilegien, nämlich Sonderrechte für die Bürger und eine Anzahl auf Handel und Zollbefreiung bezogener Bestimmungen. Hierüber heißt es in der Urkunde:

„Die Nürnberger Bürger sollen auf den Messen zu Donauwörth das Recht haben, mit Nürnberger Pfennigen zu zahlen. Das gleiche Recht sollen sie auf den Messen von Nördlingen genießen. Kein Nürnberger hat während den Hoftagen, die in Nürnberg abgehalten werden, von irgendwelchen Waren Zoll zu zahlen. In Aschach (a. d. Donau) haben die Nürnberger nicht mehr Zoll zu zahlen von ihren Waren als ein Schiffer von seinem Schiff. Von Regensburg bis Passau zahlen sie keinen Zoll. In der Stadt Worms haben die Nürnberger, wenn einer von ihnen am Fest St. Johannis des Täufers dort ein Pfund Pfeffer und zwei Handschuhe abgibt, in dem betreffenden Jahr keine Abgaben mehr zu zahlen. In der Stadt Speyer zahlen die Nürnberger nichts, wie auch umgekehrt die Speyerer nichts zu zahlen haben“.

In den folgenden hundert Jahren sind den Nürnbergern zahlreiche weitere Privilegien verliehen worden, ohne daß sie alle nacheinander durch Urkunden belegt sind. Kaiser Ludwig der Bayer bestätigte und erneuerte aber am 12. September 1332 in München den Bürgern Nürnbergs alle früheren kaiserlichen Freiheiten *(Abb. 2)*. Die in dieser Urkunde genannten Plätze der Zollbefreiungen sind auch in Satzungsbüchern der Reichsstadt aufgezeichnet und später ergänzt worden: 1334 hat es deren insgesamt 73 gegeben! Hierzu wird im Satzungsbuch gesagt: „daz wir zol frei sein in allen den Steten die her nach gescriben stende. Und die selben sein auch zol frei bei uns ze geleicher weise als wir bei in“. Und es werden genannt:

Bern — Schwyz — Solothurn — Murten — Besançon — Hagenau — Straßburg — Saarbrücken — Kaiserslautern — Speyer — Worms — Oppenheim — Mainz — Frankfurt — Friedberg — Wetzlar — Gelnhausen — Oberwesel — Boppard — Heilbronn — Wimpfen — Mosbach — Koblenz — Trier — Köln — Aachen — Maastricht — Düren — Herzogenbusch — Lüttich — Huy — Metz — Verdun — Dinant — Namur — Neuenburg — St. Nicolaus de Port — St. Mihiel — Tongern — St. Trond — Duisburg — Valenciennes — Cambray — Tournay — Mons im Hennegau — Löwen — Jodoigne — Brüssel — Antwerpen — Nivelles — Genappe — Mecheln — Kalkfurt bei Mecheln — Vilvorde — Tirlemont — Würzburg — Bamberg — Schwäbisch Gmünd — Eger — Cham — Nabburg — Amberg — Regensburg — Passau — zwischen Regensburg und Passau auf dem Wasser — München — Neumarkt — Altdorf — Hersbruck — Aschach — Lübeck — Arles — Königreich Arelat *(Abb. 3)*.

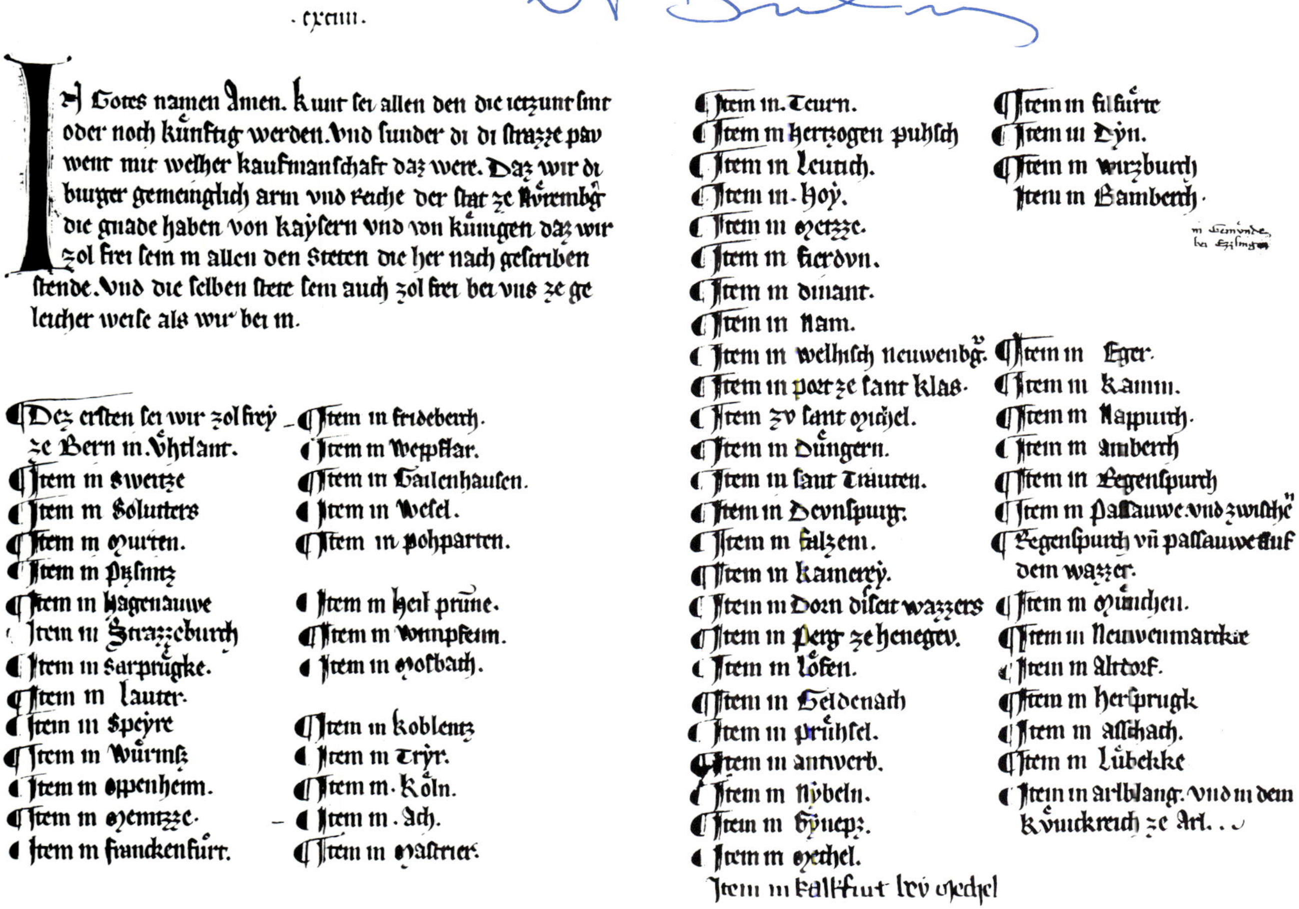

·cxxiiii·

In Gotes namen Amen. Kunt sei allen den die ietzunt sint oder noch künftig werden. Und sunder di di strazze pawent mit welher kaufmanschaft daz were. Daz wir di burger gemeinglich arm und reiche der stat ze Nürembg die gnade haben von kaysern und von künigen daz wir zol frei sein in allen den steten die her nach gescriben stende. Und die selben stete sein auch zol frei bei uns ze geleicher weise als wir bei in.

Dez ersten sei wir zol frey ze Bern in Uchtlant.
Item in Swetze
Item in Soluters
Item in Murten.
Item in Pfsintz
Item in Hagenauwe
Item in Strazzeburch
Item in Sarprügke.
Item in Lauter.
Item in Speyre
Item in Würmß
Item in Oppenheim.
Item in Meintze.
Item in Franckenfurt.
Item in Fridberch.
Item in Wetsflar.
Item in Gailenhausen.
Item in Wesel.
Item in Pohparten.
Item in Heilprune.
Item in Wimpfeim.
Item in Mosbach.
Item in Koblentz
Item in Trÿr.
Item in Köln.
Item in Ach.
Item in Mastrict.
Item in Teurn.
Item in Hertzogen puhsch
Item in Leutich.
Item in Hoÿ.
Item in Metzze.
Item in Fierdun.
Item in Dinant.
Item in Nam.
Item in welhisch Neuwenbg.
Item in Portze sant Klas.
Item zu sant Michel.
Item in Düngern.
Item in sant Triuten.
Item in Devnspurg.
Item in Salzem.
Item in Kamereÿ.
Item in Dorn diseit wazzers
Item in Perg ze Henegew.
Item in Lösen.
Item in Geldenach
Item in Prühsel.
Item in Antwerb.
Item in Nybeln.
Item in Synepz.
Item in Mechel.
Item in Kalkfurt bei Mechel
Item in Silfürte
Item in Dÿn.
Item in Wirzburch
Item in Bamberch.
in Gemünde, bei Ezlingen
Item in Eger.
Item in Kamm.
Item in Nappurch.
Item in Amberch
Item in Regenspurch
Item in Passauwe und zwische Regenspurch und Passauwe auf dem wazzer.
Item in München.
Item in Newenmarkte.
Item in Altorf.
Item in Hersprugk
Item in Aschach.
Item in Lübekke
Item in Arlblang und in dem künickreich ze Arl.

Abb. 3 Zollprivilegien im Nürnberger Satzungsbuch von 1334.
Die für den Nürnberger Handel so wichtigen Zollfreiheiten sind auch in Satzungsbüchern der Reichsstadt aufgezeichnet worden.
Das Bild zeigt ein Blatt des IV. Bandes aus dem Jahre 1334, also zwei Jahre nach der Urkunde Kaiser Ludwigs. Zwei weitere Orte, Schwäbisch Gmünd und Kalkfurt bei Mecheln, sind bereits hinzugekommen.

Die aufgezählten Orte zeigen, wo die Hauptinteressen der Nürnberger Kaufleute damals lagen: in den Städten des Hennegaus und des Herzogtums Brabant, in denen am Rhein, an der Mosel, am Main, an der Donau und in den dort angrenzenden Territorien sowie in der Schweiz.

Seit dem 14. Jahrhundert konnte Nürnberg seine Handelsprivilegien noch ausweiten. In Flandern kamen Städte hinzu, in Brandenburg und Polen, in Böhmen, Bayern und Kärnten, in Österreich, Ungarn und in der Steiermark, im Königreich Aragon, in der Lombardei, im Engadin und in Slowenien. Brügge, Gent und Ypern, Mainz, Pilsen und Prag, Krakau und Lemberg, Lyon, Neuchâtel und St. Gallen, Genua, Mailand und Venedig sind die wichtigsten der neuen Städte, mit denen Nürnberg wie mit anderen in einem Handelssystem von Vorrechten auf Gegenseitigkeit verbunden war und seine Hochblüte erreichte.

Handel und Handwerk im Einklang

Der wirtschaftliche Aufstieg Nürnbergs, den die Stadt binnen dreier Jahrhunderte seit dem Entstehen der ersten Siedlung schaffte, beruhte nicht ausschließlich auf den kaiserlichen Privilegien. Sie boten allerdings die große Chance, hieraus etwas zu machen, und die Bürger Nürnbergs taten das mit außerordentlicher Tatkraft und bewundernswertem Geschick. Nur so gelang es, andere Städte, die schon vor ihnen Bedeutung besessen hatten, wie Augsburg und Regensburg, einzuholen oder gar hinter sich zu lassen. Diese Entwicklung gründete sich auf einer wohlüberlegten und zielstrebig gesteuerten Zusammenarbeit von Handel und Gewerbe *(Abb. 4 und 5)*.

Die Nürnberger Bürger sind durch die natürlichen Gegebenheiten des Umlandes gezwungen worden, diesen Tätigkeiten nachzugehen, doch sie haben aus der Not eine Tugend gemacht. Nun fiel auch die große Fläche des nahen Reichswaldes vorteilhaft ins Gewicht, da Holzkohle für die Eisenverarbeitung benötigt wurde. Ebenso konnte die Wasserkraft der Pegnitz für die Eisenhämmer genutzt werden, sodaß sich das Metallgewerbe in einer breiten Palette entwickelt hat. Hinzu kam, daß die Lagerstätten der Erze in gut erreichbarer Nähe lagen: in der Fränkischen Alb, in der Oberpfalz und im Fichtelgebirge.

So wurde das Handwerk zu einer wichtigen Stütze der Nürnberger Wirtschaft. Schon vor 1400 hatte es sich ausnehmend spezialisiert. Es gab Flaschner und Büchsenmacher, Blech- und Klingenschmiede, Schlosser, Harnisch- und Panzerhemdenmacher und Kannengießer. Aber auch Handwerker aus anderen Bereichen waren vertreten, deren Erzeugnisse dem Export dienten: Lederer, Leineweber, Tuchmacher und Färber.

Die weite Verbreitung der Nürnberger Waren ist der Erfindergabe der Handwerker, der Anwendung rationeller Herstellungsverfahren und der strengen Überwachung der Qualität zu danken gewesen, sodaß sie in aller Welt einen guten Ruf genossen. In der älteren Gewerbestufe wurde vor allem Eisen verarbeitet, in der jüngeren auch Buntmetall, wofür das notwendige Kupfer aus dem Mansfelder Raum, aus Böhmen und aus Ungarn kam. Es wurden Nägel, Bolzen, Werkzeuge, Waffen und Harnische in großer Zahl produziert, aber

Der Kauffmann.

Ich aber bin ein Handelsmann/
Hab mancherley Wahr bey mir stan/
Würtz/Arlas/Thuch/Wolln vñ Flachß.
Sammat/Seiden/Honig vnd Wachß/
Vnd ander Wahr hie vngenannt/
Die führ ich eyn vnd auß dem Land/
Mit grosser sorg vnd gfehrlichkeit
Wann mich auch offt das vnglück reit.

Abb. 4 Der Kaufmann. Holzschnitt von Jost Amman mit Versen von Hans Sachs.
„Eygentliche Beschreibung aller Stände" lautet der Titel des 1568 gedruckten Buches, das 114 Holzschnitte von Jost Amman und Verse von Hans Sachs enthält. Auf einem der Blätter wird auch der Kaufmann vorgestellt und neben der kurzen Schilderung der Handelswaren nicht vergessen, das Risiko seiner Geschäfte zu erwähnen.

Der Blatner.

Gut Stehle Harnisch ich schlagē kan/
Beyde für Roß vnd auch für Mann/
Gantze Küriß vnd die Roßpar/
In die Schlacht/wol versorget gar/
Auch zun Thurnir/Stechn vnd Rennen/
Sonst allr art/wie mans mag nennen/
Für den Gmein hauffen/schlecht gemacht/
Das habn die Spartaner auff bracht.

Abb. 5 Der Blatner. Holzschnitt von Jost Amman mit Versen von Hans Sachs.
Hier zeigen und beschreiben die beiden Künstler im gleichen „Ständebuch" den Harnischmacher, einen wichtigen Vertreter des Nürnberger Metallgewerbes, bei seiner Arbeit, was sie auch für viele andere Handwerker getan haben, die in der Reichsstadt ansässig waren.

auch Arm- und Beinreifen, Kannen, Schüsseln, Töpfe und andere Gebrauchsgegenstände und solche des Kunstgewerbes. Hochgeschätzt waren die Erzeugnisse der Feinmechanik; Uhren, Waagen, Kompasse und weitere Instrumente für Nautik, Astronomie und Medizin ergänzten das Angebot der Kaufleute mit ertragreichen Produkten.

Mit den Leistungen des Handwerks waren die des Handels deckungsgleich. Die Kaufherren sorgten durch ihren Unternehmergeist für den Absatz bis in die entferntesten Länder, sie kümmerten sich aber ebenso um die Beschaffung der benötigten Rohstoffe und um die Bereitstellung des Kapitals.

Ihre ersten Erfolge hatten Nürnbergs Kaufleute durch Handel mit Transitgütern erzielt. Von italienischen Zwischenhändlern bezogen sie Gewürze, orientalische Seidenstoffe, Teppiche und Schmuck, die im 14. Jahrhundert vom Schwarzen Meer über Lemberg gekommen waren, seit der Mitte des 15. Jahrhunderts jedoch über Venedig, das nach der Eroberung Konstantinopels durch die Türken nun zum beherrschenden Stapelplatz für Orientwaren aufrückte. Auch der Viehhandel florierte mit den in Polen und Ungarn gezüchteten Rindern; aus dem Nord- und Ostseeraum kamen Fische, Wachs und Bernstein, aus Polen und Rußland Pelze. Im Textilhandel war Nürnberg gleichermaßen stark; außer eigenen Erzeugnissen wurde Leinen aus Schwaben, aus der Schweiz und danach aus Sachsen und Schlesien bezogen, Wolle aus Franken, Hessen, Flandern und England. Hinzu traten Handelsgeschäfte mit Farbstoffen, vor allem Waid aus Erfurt und Köln.

In den Jahren 1348 und 1349 geriet das Einvernehmen der Kaufherren mit den Handwerkern durch einen Aufstand in eine kritische Phase. Der Aufruhr vollzog sich vor dem Hintergrund des Kampfes Karls IV. als neuem König gegen den Kurfürsten Ludwig von Brandenburg, der bei den Unruhen die Hand im Spiele hatte. Da Karl sich jedoch durchsetzen konnte, blieb das Stadtregiment mehrheitlich in den Händen des Patriziates, das sich aus Männern des Großhandels zusammensetzte. Seit dem Anfang des 14. Jahrhunderts erscheinen die Namen jener Familien, die als Träger der Handelshäuser auch Sitz im Rat der Stadt hatten, wie die Pfinzing, Holzschuher, Ebner, Stromer, Haller und andere. Nach der Rebellion hat die Kaufmannschaft ihren Einfluß auf das produktive Gewerbe durch dirigistische Maßnahmen und Kontrollen wieder gestärkt, doch trugen die meßbaren Erfolge und eine maßvolle Politik dazu bei, daß der innere Friede fortan für lange Zeit gewahrt blieb.

Die Gunst der geographischen Lage

Ein dritter, ebenso mitbestimmender Faktor für den Aufstieg der Reichsstadt war ihre geographische Lage. Sie bot dem Verkehr für den Fernhandel ausnehmend günstige Voraussetzungen. Wenn man eine physische Übersichtskarte Bayerns mit den Reliefs der Bodenerhebungen und den Flußläufen betrachtet, dann fällt die Lage Nürnbergs im mittleren Bereich einer Senkung ins Auge, der die Geographen den Namen „Rednitzfurche“ gegeben haben. Sie beginnt nördlich von Treuchtlingen und wird zunächst vom Tal der Schwäbischen Rezat gebildet, die sich mit der Fränkischen Rezat zur

Rednitz vereint. Deren Tal setzt die Rednitzfurche nach Norden fort; beim Zusammenfluß mit der Pegnitz verliert auch die Rednitz ihren Namen und fließt nun als Regnitz dem Main zu, in den sie unweit von Bamberg einmündet. Die Rinne findet dann ihre Fortsetzung im Tal des Mains, bis sie schließlich in das Tal der Itz übergeht und ausläuft.

Mit ihren Talterrassen bot sich die Rednitzrinne von alters her zur Nutzung einer Wegeverbindung zwischen Norden und Süden an. Nordwärts war es möglich, über Pässe des Thüringer Waldes an die Nord- und Ostsee zu gelangen. Zum Süden hin konnte auf einer Fernroute die obere Donau, das Alpenvorland und nach Überquerung der Alpen Italien oder Südfrankreich erreicht werden. Der Nürnberger Raum wurde aber auch von einer West-Ost-Route durchquert, die vom Niederrhein kommend zur Donau zog und eine sehr alte Verbindung zum vorderen Orient gewesen ist. Sie überschritt die Rednitz an einer günstigen Furt und hat dem Königshof Fürth seinen Namen gegeben.

Die Verkehrsbedürfnisse in diesem Raum wuchsen seit seiner politischen Eingliederung in das Karolingerreich. Das wird durch eine Kette von Königshöfen entlang der geschilderten Talfurche mit den Namen Hallstadt, Forchheim, Herzogenaurach, Fürth, Schwabach und Weißenburg deutlich. Das Gleiche gilt für die West-Ost-Route mit den Königshöfen Windsheim, Erlbach, Zenn, Lauterhofen, Premberg und dem Bischofssitz Regensburg. Später spielte zum Schutz des Verkehrs auch die Nürnberger Burg eine Rolle, in deren unmittelbarer Nähe diese Wegeverbindungen vorbeizogen. Mit dem Anwachsen des Fernhandels ergab es sich von selbst, daß Nürnberg die alten Fernrouten benutzte wie auch weitere, die zum Teil auf frühere Trassen zurückgingen *(Abb. 6)*.

Frankens Straßen im Frühmittelalter

Die Wege und Straßen des mittelalterlichen Frankens sind durch einen langdauernden Wachstumsprozeß entstanden. Ihre Wurzeln gehen in die Zeit der karolingischen Staatsorganisation zurück, in manchen Fällen sogar bis in die Frühgeschichte.

Wir wollen uns bei ihrer Betrachtung auf den Raum des heutigen Frankens beschränken, einer Landschaft also zwischen Elstergebirge und Oberpfälzer Wald im Osten und dem Spessart und Odenwald im Westen, zwischen Hessischer und Thüringer Rhön, Thüringer Wald und Frankenwald im Norden und Hohenloher Ebene, Ries und der nahen Donau im Süden.

Funde und erschlossene Burgberge und Ringwälle lassen erkennen, daß die befestigten Höhensiedlungen dieser Landschaft im letzten Jahrtausend v. Chr. Mittelpunkte von Siedlungsgemeinschaften gewesen sind, die größeren von ihnen auch Anlauf- und Kontrollstationen eines frühen Handels mit Verbindungen zum Mittelmeerraum. Diese „oppida" müssen demnach durch frühgeschichtliche Wege miteinander verbunden gewesen sein, ohne daß sich ihr Verlauf rekonstruieren läßt. Immerhin sind aber Zielrichtungen denkbar, die sich vielleicht in Teilstrecken mit Routen von Höhenwegen aus späterer Zeit decken können.

Mehr im Dunkel liegt in dieser Frage die Zeit der Völkerwanderung, als germanische Völker nach Westen und Süden vordrangen. Der fränkische Raum gilt für jene Jahrhunderte als Durchzugsgebiet der Burgunder und Vandalen, die das „Imperium Romanum" am Limes und an der Donau angegriffen haben. Danach war er Siedlungsland für die Alemannen im Westen und für die Thüringer im Norden. Schließlich kamen im 6. Jahrhundert n. Chr. die merowingischen Franken vom unteren Main und vom Neckar in diese Landschaft.

Es wird als sicher angesehen, daß es in jener bewegten Zeit nicht zum Bau neuer Straßen gekommen ist. Die hier durchziehenden und siedelnden Völkerstämme haben alte Wege vorgefunden, im Raum des südlichen Mittelfrankens auch die Römerstraßen. Erst im Karolingerreich des 8. und 9. Jahrhunderts, als die Verhältnisse sich festigten und eine staatliche Organisation entstand, kam es zum Ausbau eines erweiterten Straßennetzes, in das ältere Wege einbezogen wurden. Königspfalzen, Königshöfe und Königsgüter waren die Ausgangs- und Zielpunkte des frühmittelalter-

Abb. 6 Altstraße bei Oberlauter.
Das Straßenstück, heute nur noch ein Forstweg, ist die Trasse einer alten Wegeverbindung zwischen Nürnberg und Erfurt, die im 15. Jahrhundert als Coburger Geleitsstraße belegt wurde und die Teilstrecke der vielbefahrenen Handelsstraße war. Sie stieg an dieser Stelle über die „Langen Berge" zu den Ausläufern des Thüringer Waldes hinauf und ging auf einen frühmittelalterlichen Höhenweg zurück, der wahrscheinlich schon in karolingischer Zeit als „via regia" eine Verbindung zwischen Hallstadt und Erfurt gewesen ist. Bis zum Ende des 18. Jahrhunderts blieb die Route eine Coburger Geleitsstraße, wenn sie auch ihre Bedeutung für den Nürnberger Fernhandel schon verloren hatte. Erst durch die Chaussierung einer parallel laufenden Talstraße wurde diese Nord-Süd-Achse im 19. Jahrhundert wieder für den Fernverkehr erschlossen. Als spätere Reichsstraße verband sie Kiel mit dem Scharnitzpaß am Übergang nach Innsbruck, obgleich streckenweise auf neuen Trassen. Als Bundesstraße 4 und als Fernstraße gleicher Nummer im anderen Deutschland besteht sie noch heute, wobei die Beschränkung am südöstlichen Harz eine Durchfahrt zur Zeit allerdings verhindert. Dennoch ist diese Fernroute, die sich ins Frühmittelalter zurückprojezieren läßt und eine der Nord-Süd-Straßen in Etzlaubs Karten war, ein eindrucksvolles Beispiel für die Kontinuität historischer Wegeverbindungen.

lichen Straßennetzes. Zu ihnen traten die Bischofssitze und Klöster. Denn die Bistümer waren nicht nur geistliche Institutionen mit religiösen Aufgaben, sie waren ebenso Partner der Königsherrschaft und zugleich durch königlichen Auftrag und durch Besitz die Träger einer eigenen Herrschaft. Das gilt für Würzburg wie für Eichstätt und für das später gegründete Bistum Bamberg *(Abb. 7)*.

Königliche Reichspolitik und kirchliche Aufgaben der Mission und Kolonisation waren ohne Straßen nicht möglich. So müssen zwangsläufig die Stützpunkte des Königs und der Kirche miteinander verbunden gewesen sein. Schwerpunkte für die Straßen des fränkischen Raumes sind die Pfalzen in Salz, Hallstadt und Forchheim und die Bischofssitze in Würzburg und Eichstätt gewesen und natürlich auch das weiter südlich gelegene Regensburg, die alle von einer größeren Zahl von Königshöfen und Klöstern umgeben waren.

Hinweise für den Verlauf der damaligen Straßen können auch Flußübergänge geben, vor allem die Furten am Main und an der Donau. Hierzu zählen Aschaffenburg, Würzburg, Ochsenfurt, Kitzingen, Fahr, Schwarzach, Hallstadt und Donauwörth, Neuburg a. d. D., Ingolstadt, Regensburg. Sie sind zum Teil schon in frühgeschichtlicher Zeit Leitpunkte des Verkehrs gewesen.

Die Erweiterung des Verkehrsnetzes brachte seit den Karolingern auch deutliche Änderungen im Trassenverlauf gegenüber den älteren Höhenwegen. Diese hatten Bergrücken, Wasserscheiden und Höhenlagen bevorzugt, gewässerreiche und sumpfige Landstriche gemieden und Täler dort überquert, wo Bäche und Flüsse geeignete Furten boten. Ihre Trassen wurden zwar weiterhin benutzt, wenn sie günstige Routenführungen darstellten, doch kamen nunmehr anders geartete Teilstrecken und völlig unabhängige neue Straßen hinzu.

Sie waren notwendig geworden, weil die Zahl der Siedlungen immer weiter anstieg. Schwerpunkte bildeten sich zunächst in den mainfränkischen Gäulandschaften und dann im Keuperland am Obermain, an Rednitz und Altmühl. Zwischen ihnen dehnten sich große Forste als „gebannte Walddomänen" der Könige aus. Die bäuerlichen Siedlungen brauchten offenes oder leicht zu rodendes Land, das dem Anbau von Getreide, der Zucht von Rindern und Schweinen und vereinzelt auch schon dem Weinbau zu dienen hatte. Die Siedlungen entstanden deshalb an Hängen und auf Talterrassen und nicht auf den kargen Böden in Höhenlagen.

Die neuen Orte wie die älteren Siedlungen bedurften der Verbindungswege untereinander und zu den Schwerpunkten des Verkehrs. So entwickelte sich das Wegenetz weiter, dessen neue Straßen zwar wie zuvor Moore, Sümpfe und die Überschwemmungsgebiete der Flüsse nach Möglichkeit mieden, die aber nun überwiegend an den Randhöhen der Gebirge, auf deren Vorland und auf den hochwassergeschützten Terrassen der Flußtäler liefen. Ihre Aufgabe war es, Orte miteinander zu verbinden, und so gewannen sie bald größere Bedeutung als die alten Höhenwege.

Anders als früher war bei den neuen Straßen zumindest in Teilstrecken auch ein „Wegebau" erforderlich, daß heißt eine Technik zur Wegebefestigung und Erhaltung. Freilich muß man sie nach unseren heutigen Begriffen als recht einfach ansprechen, mit dem Kunststraßenbau der Römer ist der mittelalterliche Wegebau schon gar nicht zu vergleichen. Immerhin kann man davon ausgehen, daß an ungünstigen Stellen Erdarbeiten vorgenommen wurden und daß bei feuchtem Gelände, das nicht überall zu umgehen war, auch Knüppeldämme dazugehörten.

Im Frankenreich war die Straße als „via regia" Eigentum des Königs. Wegegeld, Fährgeld und Brückenzoll waren königliches Regal, dessen Verleihung an geistliche und weltliche Herren aber schon frühzeitig erfolgte. Es geschah allerdings auch mit der Verpflichtung, Straßen, Brücken und Flußübergänge in Ordnung zu halten; beim Regierungsantritt eines neuen Königs mußten die erteilten Privilegien jedesmal erneuert werden.

Der Bericht eines Mönches aus St. Gallen gibt uns über die Verhältnisse jener Zeit Aufschluß. Er schreibt: „Wenn nach kaiserlichem Befehl etwas auszurichten war, wie Brücken und Schiffe zu bauen oder Fähren herzurichten oder schlammige Wege zu reinigen, zu bestreuen oder auszufüllen, so besorgten das die Grafen durch ihre Untergebenen, wenn die Sache nicht von Belang war. Bei wichtigen Arbeiten oder ganz neuen Unternehmungen durfte sich aber kein Herzog oder Graf oder Abt unter irgend einem Vorwand ausschließen".

Auch der Sachsenspiegel und der Schwabenspiegel machen durch ihre späteren Rechtsaltertümer deutlich, welche Bedeutung dem Straßenverkehr sicher in gleicher Weise schon früher zugemessen wurde. So sagt der Sachsenspiegel:

„Des Königs Straße soll so breit sein, daß ein Wagen dem anderen ausweichen kann. Der unbeladene soll dem beladenen ausweichen, der leichtere dem schwereren, der Reiter dem Wagen, der Fußgänger dem Reiter. Befindet man sich aber in einem engen Wege und verfolgt man einen Reiter oder Fußgänger, so sollen die Wagen stille halten, bis sie weiter kommen können. Welcher Wagen zuerst auf einer Brücke ist, soll zuerst hinüber, er sei leer oder beladen".

Es ist überliefert, daß die Königsstraße etwa $4^1/_2$ Meter breit war, der Saumweg hingegen nur $1^1/_2$ Meter, was für Pferde, Packtiere und Fußgänger ausreichte. Befahrene Gebirgsstraßen lagen zwischen den beiden, wie es das Gelände hergab.

Schon in der Merowingerzeit werden in der „Lex Salica" des 6. Jahrhunderts „carrus" und „carruca" erwähnt, was den zweiräderigen Karren und den vierräderigen, mit Pferden bespannten Wagen bedeutet. Es lag nahe, daß die letzteren für schwerere Lasten gebaut wurden und die Wege deshalb erhalten werden mußten. Sicherlich haben diese Maßnahmen nur den wichtigen Straßen, den Königsstraßen gegolten, die den Heereszügen und dem Fernhandel dienten. Bei den „Vicinalwegen" für den Binnenverkehr, die Gemeingut waren und von den Anliegern in Ordnung gehalten werden mußten, hat man sich einfache Feldwege vorzustellen.

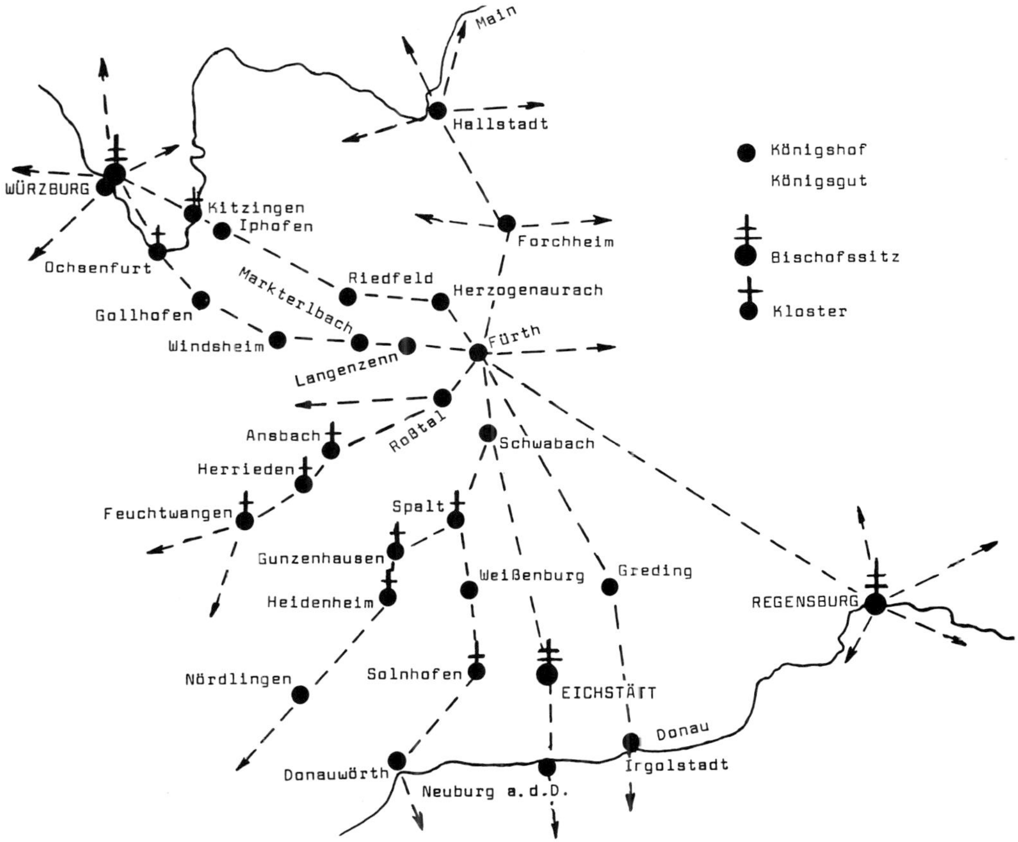

Abb. 7 Wegeverbindungen zwischen Main und Donau am Ende des Karolingerreiches.
Die Königshöfe und Königsgüter, Bischofssitze und Klöster der Karte waren Herrschaftsmittelpunkte, die bis zum Ende des Karolingerreiches in der 1. Hälfte des 9. Jahrhunderts urkundlich überliefert oder auf anderer Grundlage zu erschließen sind. Als königliche und kirchliche Besitztümer waren sie Ausgangs- und Zielpunkte eines frühmittelalterlichen Wegenetzes, das allerdings nur schematisch dargestellt werden kann. Doch ist zu erkennen, daß die eingezeichneten Verbindungslinien bereits die Richtungen späterer Straßenführungen andeuten, deren Trassen sich aus Zeugnissen der folgenden Jahrhunderte rekonstruieren lassen. Das gilt auch für jene Altstraßen, die als Fernwege vor der Gründung Nürnbergs bestanden haben, um den Königshof Fürth an weitere strategisch und wirtschaftlich wichtige Plätze anzuschließen. Die Erbauung der Reichsburg und der Aufstieg der Siedlung zum Marktort und zur Stadt ist deshalb neben anderen Faktoren auch in der günstigen Lage in der Nähe alter Wegeverbindungen zu suchen.

Städte und Straßen seit der Stauferzeit

Am Ende des Frühmittelalters hatte die Dreifelderwirtschaft mit Herbst- und Frühjahrsaussaat und Brache allgemein Eingang gefunden. Der schwere Räderpflug erlaubte eine gründlichere Bearbeitung des Ackers, Pferde wurden neben Ochsen als Zugtiere angespannt, der vierräderige Wagen mit lenkbarem Drehschemel kam für größere Lasten mehr in Gebrauch. Da auch die Nutzfläche der Landwirtschaft noch wuchs, steigerte sich die Agrarproduktion, gleichzeitig aber der Güteraustausch durch Handel.

Es war eine natürliche Folge, daß die Bevölkerungszahl anstieg. Man schätzt, daß die der Deutschen um das Jahr 900 etwa 2 bis 3 Millionen betragen hat, um 1200 sollen es schon an die 10 Millionen gewesen sein. Die Aufwärtsentwicklung setzte sich weiter fort und zog die Gründung von Märkten und Städten nach sich. Das aber war ein Vorgang, der zu den wichtigen Triebkräften der Territorienbildung zählte, die ihrerseits zur Schwächung des zentralistischen Königtums und zur Bildung landesherrlicher Gewalten führte.

Die weltlichen und geistlichen Reichsfürsten wie die kleineren Territorialherren erkannten die Bedeutung von Städten zur Sicherung ihrer Herrschaftsgebiete, wie auch deren wirtschaftlichen Nutzen. So entstanden die ersten Städte, wo Bischofssitze und frühere Königshöfe bereits strategisch wichtige Orte oder Verwaltungszentren gewesen waren, aber ebenso dort, wo Burgen im Besitz des Königs oder als Dynastensitze politische Aufgaben zu erfüllen hatten. Auch Klöster konnten zu Märkten und Städten wachsen, wenn ihre Wirtschaftshöfe und ihre Lage dies begünstigte.

Grundsätzlich kam das Stadtrecht aus besonderen Privilegien des Königs, später des Grundherren, das im Lauf der Entwicklung durch Markt, Ummauerung, Burgfrieden, Siegel und Ratsverfassung gekennzeichnet war. Die Förderung durch Gewährung von Sonderrechten für Handel und Gewerbe lag im Sinne der Wirtschaftspolitik, denn sie brachte Gegenleistungen durch vielfältige Abgaben. Zwei Kaiser sind es gewesen, die im 14. Jahrhundert dieser Entwicklung Vorschub geleistet haben: Kaiser Ludwig der Bayer und sein Nachfolger Karl IV. Der erstgenannte, der von 1314 bis 1347 regierte, ist durch eine besondere Freizügigkeit gegenüber den Territorialherren hervorgetreten, während Kaiser Karl die Vergabe der Privilegien für seine eigene Hausmachtpolitik nutzte. Denn es war sein Bestreben, vom Egerland bis nach Franken ein „Neuböhmen“ aufzubauen.

Vom 12. bis zum 16. Jahrhundert entstanden im Raum des heutigen Bayern mehr als 500 Märkte und Städte, die Mehrzahl in der Zeit zwischen 1200 und 1400, als einer Epoche, die mit Kaiser Barbarossa begann und mit König Wenzel zu Ende ging. In den heute fränkischen Regierungsbezirken gab es vor dem Jahr 1200 nur 24 Märkte und Städte, das Gros der Erhebungen lag auch hier in der Zeit bis 1400.

Von den Orten im Besitz des Königs und der Kirche wurde eine große Zahl zu Städten erhoben, andere kamen auf Antrag der neuen Territorialherren hinzu. Viele von ihnen werden uns als Etappenorte an den Straßen des Nürnberger Handels begegnen, sie bestätigen die Wechselbeziehungen zwischen Stadt und Straße. Nicht nur frühmittelalterliche Stützpunkte von König und Kirche und die aus ihnen gewachsenen Städte haben den Straßenverlauf bestimmt und ihn für die folgenden Jahrhunderte festgeschrieben. Straßen waren auch ausschlaggebend dafür, daß an ihnen oder in ihrer Nähe Städte entstanden, die in manchen Fällen Änderungen der Trassenführung bewirkt haben.

So blieb Würzburg, obwohl nicht zu den Metropolen des Transithandels gehörend, das Zentrum der fränkischen Mainlande und ein wichtiger Knotenpunkt für den wachsenden überregionalen Handelsverkehr. Was die alte West-Ost-Route betrifft, erhöhte sich ihr Anteil sogar beträchtlich, seitdem 1133 in Würzburg eine steinerne Brücke über den Main und 1146 in Regensburg die große Steinbrücke über die Donau fertiggestellt worden waren *(Abb. 8 u. 9)*. Denn nun verlagerte sich der Fernhandel vom nördlichen Frankreich und vom Niederrhein zu den Donauländern auf die Strecke Würzburg—Nürnberg—Regensburg, während die Bedeutung der anderen traditionsreichen Route über Wimpfen—Kösching—Pförring an Bedeutung verlor und schließlich nur noch für den Binnenverkehr eine Rolle spielte.

Diese Verlagerung hatte für Nürnberg unmittelbare Folgen; es war nun Etappenort der am meisten befahrenen West-Ost-Verbindung geworden. Die ältesten Stadtpläne machen deutlich, daß diese Fernstraße und die hier kreuzende Nord-Süd-Route sich auch bei der topographischen Entwicklung der Reichsstadt ausgewirkt haben. Der Sebalder Stadtteil hatte die West-Ost-Straße von Anbeginn einbezogen, die von Fürth über die Pegnitz kam und auf den Talterrassen des Flusses weiterlief. Auch die Kreuzung der von Norden kommenden Straße ist in der Sebalder Siedlung zu suchen. Es gibt die Annahme, daß beide Straßen ursprünglich am Tiergärtnertor zusammengetroffen sind, bis die Frankfurter Straße durch das Neutor — oder ein älteres Vorgängertor weiter östlich — in die Stadt geführt wurde.

Mit beiden Fernstraßen war Nürnberg in das hochmittelalterliche Verkehrsnetz einbezogen, und es war nur eine Frage der Zeit, daß die Reichsstadt auch über andere Straßen, die das Nürnberger Bekken von altersher durchquerten, Anschluß an den Welthandel gewann.

Für die Wirtschaft des Reiches hatte der Handel im Hochmittelalter ständig an Bedeutung gewonnen. Die großen und kleineren Städte mit ihren Handwerkern, Kaufleuten und Märkten — die einen für den Fernhandel, die anderen für den Binnenhandel — machten um 1350 zwar nur rund 15 % der Bevölkerung aus, ihr Anteil am wirtschaftlichen Wachstum dürfte aber eher dem umgekehrten Verhältnis entsprochen haben. Schon im Spätmittelalter gab es in Deutschland etwa 50 Städte mit Einwohnerzahlen von 2000 bis 10 000 Bürgern und 15, die über diese Zahlen hinausgingen. Zu den „Großstädten" sind Köln, Lübeck, Nürnberg, Straßburg, Danzig und Ulm zu rechnen, ihnen folgten Frankfurt a. M., Erfurt, Breslau und Augsburg. Nimmt man die Messe- und Handelsplätze außerhalb der Grenzen des Reiches hinzu, dann ist einleuchtend, daß für den Aufstieg dieser Städte auch ein weitgefächertes und funktionierendes Straßennetz erforderlich war.

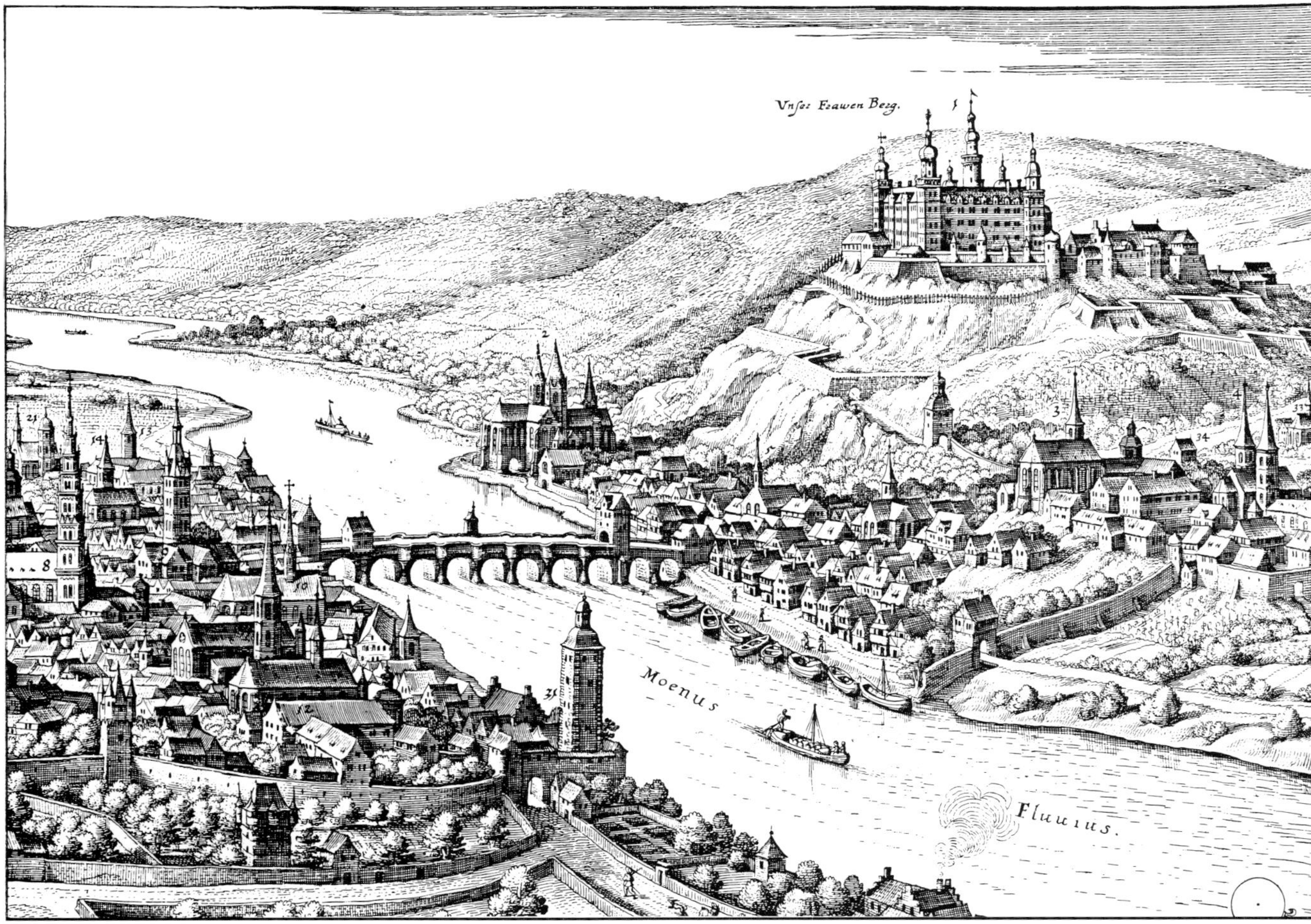

Abb. 8 Die Mainbrücke von Würzburg. Ausschnitt aus dem Kupferstich von Matthäus Merian (1648).
Es ist kein Zufall, daß der Bau einer steinernen Brücke in Würzburg um die gleiche Zeit begonnen wurde wie der in Regensburg; ging es doch für beide Städte darum, den anwachsenden Verkehr bewältigen zu können. Diese erste Würzburger Brücke ist unter dem Dombaumeister Enzelin bereits 1133 fertiggestellt worden. Wegen Zerstörungen durch Hochwasser mußte sie im 15. und 16. Jahrhundert umgebaut und danach durch eine neue ersetzt werden, die uns der Merianstich zeigt.

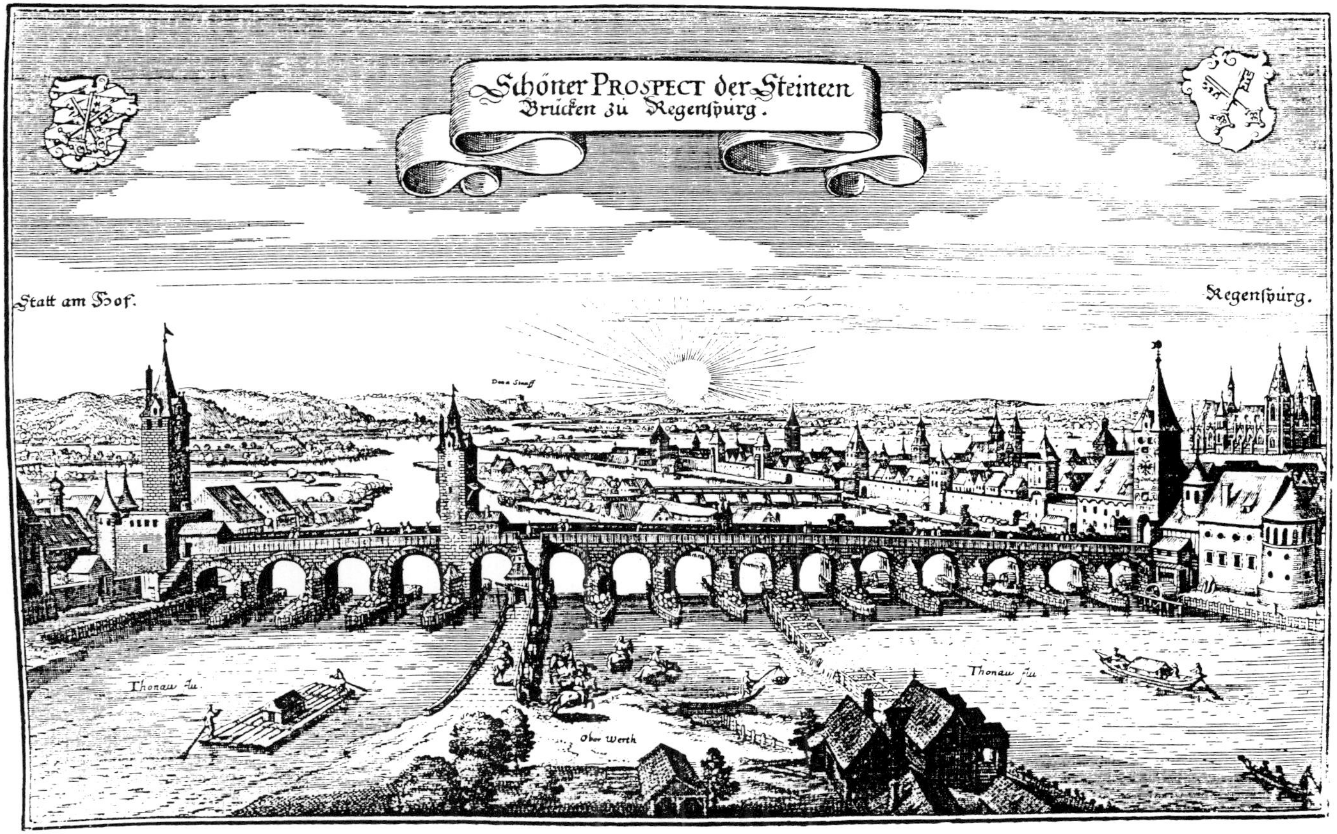

Abb. 9 Die Donaubrücke von Regensburg. Kupferstich von Matthäus Merian (1644).
Die „Steinern Brücken“ galt im Mittelalter als ein Wunderwerk der Technik. Im Jahre 1135 wurde während einer ungewöhnlichen Trockenheit mit der Gründung für den Bau begonnen, 1146 konnte er abgeschlossen werden. Seitdem war die Brücke für den Fernverkehr von großer Bedeutung, denn die über Würzburg und Nürnberg laufende Straße stellte nun die kürzeste Verbindung zwischen dem unteren und mittleren Rhein und den Donauländern her. Mit Spannweiten der Bögen von 10 bis 16 Metern und ihrer ursprünglichen Gesamtlänge von 336 Metern wurde sie zum Vorbild für weitere große Brücken, zu denen die Moldaubrücke in Prag, die Themsebrücke in London, die Rhônebrücke in Avignon und die Elbebrücke in Dresden zählen. Noch Hans Sachs hat sie mit den Worten gepriesen: „Der Brücken gleicht keine in Deutschland“.

Abb. 10 Frachtfuhrwerk. Holzschnitt (um 1500).
Die Fahrzeuge des Mittelalters sind durch Zeichnungen, Stiche und Gemälde in groben Zügen bekannt, über technische Einzelheiten ihrer Konstruktion sagen die Bilder aber wenig aus. Das eines Frachtwagens, der einen zugefrorenen Fluß überquert, gibt immerhin einen Anhalt dafür, daß der Handel für den Transport von Gütern bis ins Spätmittelalter neben den einachsigen Karren mit recht einfachen vierrädrigen Wagen auskommen mußte. An der Wende zur Neuzeit sind aber schon verbesserte und vergrößerte Konstruktionen in Gebrauch gekommen, wie sie Jost Amman in seiner „Allegorie auf den Handel“ zeigt (Abb. 12).

Bei einer Betrachtung der mittelalterlichen Verhältnisse darf man allerdings nicht die Maßstäbe unseres hochtechnisierten Zeitalters anlegen; auch die Epoche des „Imperium Romanum“ hatte andere machtpolitische Voraussetzungen und verlangte andere Maßnahmen für den Straßenbau. Das „Römische Reich Deutscher Nation“ hingegen war nach dem Auseinanderbrechen des Karolingischen Großreiches in einem fortwährenden Veränderungsprozeß, in dem die königlich-kaiserliche Macht ständigen inneren und äußeren Bedrohungen ausgesetzt war. Die gewaltige Leistung des römischen Straßenbaus als Aufgabe eines mächtigen Imperiums ist deshalb gar nicht wiederholbar gewesen. Auch die Anforderungen an den Verkehr entsprachen nicht mehr denen der Antike.

Die Reisen und Heereszüge der Hochgestellten fanden im Mittelalter zu Pferde statt; Trosse zogen zu Fuß und hatten Packtiere, einachsige Karren und vierrädrige Wagen bei sich. Auch die Kaufleute ritten von Stadt zu Stadt und führten ihre Handelswaren auf den gleichen Karren und Wagen mit *(Abb. 10)*, während die Pilger auf ihren Wallfahrten zu Fuß wanderten, sofern sie nicht dem vornehmen Stande angehörten. Diesen Anforderungen waren die Straßen, die als Erdwege anzusprechen sind und nur an kritischen Stellen befestigt wurden, im Grunde gewachsen, wenn sie auch nicht überall und nicht immer ideale Voraussetzungen boten.

Mit der Ausweitung des Handels an der Wende zur Neuzeit stiegen jedoch die Anforderungen an den Straßenverkehr, die zwangsläufig eine Verbesserung der Verkehrsbedingungen nötig machten, was freilich nicht allerorten geschah. Die Landesherren waren an der Benutzung ihrer Straßen inter-

Abb. 11 Der Fuhrmann von Flammersbach. Kupferstich von Jost Amman (1577).
Die Fuhrleute waren sich ihres Wertes wohl bewußt und auch bereit, Gefahren auf sich zu nehmen, die auf den Straßen lauerten. Reisen in ferne Länder hatten aus ihnen einen eigenwilligen und wehrhaften Menschenschlag gemacht, dem die Kaufherren ihre Waren anvertrauen konnten.

essiert, und sie mußten etwas dafür tun, um nachteilige Folgen für ihr Territorium zu vermeiden. Der Bau so vieler Brücken während des Spätmittelalters ist hierfür ein Gradmesser. Zumindest einzelne Landesfürsten haben seit dem 16. Jahrhundert mit dem Ausbau von Fernstraßen begonnen, wenn auch — gemessen an den späteren Kunststraßen — noch mit bescheidenen Mitteln. So wurde die Itzgrundstraße zwischen Gleußen und Coburg, ein Teilstück der Fernroute von Nürnberg nach Leipzig, aufgrund einer „Landesordnung" von 1531 als erhöhter Fahrweg aus Erde und Schotter mit beiderseitig ausgeworfenen Gräben, sieben steinernen und zwanzig hölzernen Brücken neu angelegt. Zweifellos geschah das nicht überall, ebenso hat die Beseitigung von Schäden nach Hochwasser oder kriegerischen Zerstörungen wohl oft lange Zeit auf sich warten lassen. Nebenstraßen und Ortsverbindungen blieben weiterhin einfache Erdwege ohne besonderen Aufwand zu ihrer Erhaltung.

Bei den zweiachsigen Fuhrwerken hat es in dieser Zeit auch Fortschritte im Wagenbau zur Bewältigung der schweren Lasten von Massengütern gegeben. Man lernte es, die Geschirre, Achsen, Naben und Speichen zu verbessern, die seit dem 16. Jahrhundert weiter vervollkommnet wurden. Die erhaltenen fürstlichen Prunkwagen dieser Epoche mit drehbaren Vorderachsen und hängenden Sitzkästen und die damals in den Verkehr kommenden „Kutschen" lassen Rückschlüsse auf gleichartige Verbesserungen bei den Lastfahrzeugen zu. Ein Fuhrmann wie jener, den uns Jost Amman 1577 in einem Kupferstich vorstellt, ist mit einem primitiven und gebrechlichen Wagen nicht denkbar *(Abb. 11)*.

Diese Fuhrleute hatten es durch den regen Fernhandel und die gestellten Anforderungen zu einem eigenen Berufsstand gebracht. Sie waren harte und selbstbewußte Männer, die sich in fremden Ländern auskannten und einen Kampf mit umherschweifenden Wegelagerern nicht scheuten, wenn sie im Auftrag der Kaufherren unterwegs waren. „Kein Kaiser und kein König, kann ohne Fuhrmann sein", heißt es in einem alten Lied.

Geleit und Zoll

Für die Beibehaltung des Straßenverlaufs auf alten Trassen — und das bis in das 18. und 19. Jahrhundert — gab es neben den naturbedingten Voraussetzungen einen weiteren Grund: die mittelalterlichen Gerechtsamen des Straßenverkehrs. Sie hatten ihre Wurzeln in den älteren Volksrechten, lehnten sich auch an römische Vorbilder und galten im Grundsatz bis zum Ende des Alten Reiches, wenngleich die ursprünglichen Rechte des Königs längst auf die Landesfürsten übergegangen waren.

Zoll und Geleit waren bis zum Anfang des Hochmittelalters alleiniges königliches Regal. Wer auf der „via regia" ritt, fuhr oder ging, stand unter dem Schutz des Königs. Noch bis in den Anfang der Neuzeit wurde Einzelpersonen durch „Schutz und Geleit" des Königs eine verbriefte, verbindliche Sicherheit gewährt. Andererseits bestand Geleitspflicht für Reisen fürstlicher Personen und für den König selbst. So verpflichtete Karl IV. 1365 durch die „Goldene Bulle" die Bischöfe am Main, die Burggrafen von Nürnberg, die Herren von Hohenlohe, Brauneck und Wertheim und die Reichsstädte Nürnberg, Rothenburg und Windsheim ausdrücklich, Geleit zu leisten, wenn der Kaiser von Böhmen nach Frankfurt reiste.

Anders geartet entwickelte sich das Geleit für den allgemeinen Straßenverkehr. Seit dem Hochmittelalter zogen immer mehr Warentransporte über die Landstraßen, auch große Viehherden wurden auf ihnen getrieben. Mit wachsendem Verkehr erforderte die Sicherheit der Straße eine politische Lösung, für die der König allein nicht mehr stark genug war, denn mit dem Aufschwung des Handels und der Geldwirtschaft hatten auch Beraubungen von Reisenden und Warentransporten zugenommen.

Noch 1158 hatte Friedrich I. auf dem Reichstag die Hoheit des Königs über alle öffentlichen Wege und schiffbaren Flüsse und über die zu erbringenden Leistungen feststellen lassen. Doch schon 1220 und 1232 mußte Friedrich II. den Fürsten ihre bereits erworbenen Rechte bestätigen, die Zoll und Geleit betrafen. Der „Reichslandfrieden" von 1235 gab diese Rechte dann endgültig in die Hand der weltlichen und geistlichen Fürsten, wenn auch die Oberhoheit des Königs ausdrücklich vorbehalten blieb. So heißt es unter anderem in diesem „Mainzer Landfrieden":

„Wir verbieten bi unsern hulden, daz niemen den andern durch daz lant beleite umb dehein gut, ern habe daz geleite von dem riche.

Wir setzen und gebieten, daz alle die zolle, die sit unsers vater tode, des keisers Heinriches, uf gesetzet sint uf wazzer oder uf lande, von swem sie uf gesetzet sint, daz si abe sin, ez ensi als verre, daz, der in da hat, gewisen muge vor dem riche, als da reht ist, daz ern zu reht haben sul.

Wir setzen und gebieten umb all die zolle, die gehohet sint ze unreht anders denne si zem ersten uf gesetzet wurden, daz man die hohunge abe neme und der zol belibe, als er ze reht sol. Swer die zolle nimet anders, denn er sol ze reht, oder an einer andern stat, denn er da uf gesetzet ist, wird er des beziuget vor einem rihter, als reht ist, man sol in haben für einen strazrouber.

Alle die zolle nemet uf wazzer oder uf lande, die suln wegen und brucken ir reht behalten mit machen und mit zimber und mit bezzerungen, und von dem si den zol nemet, die suln si befriden und beleiten nach ir maht, als verre ir geriht ist, also daz si niht verliesen. Swer ditz gebot brihet, ze drin malen, wirt er dez vor dem keiser uberziuget, als da reht ist, so sol der zol dem rich ledlich sin.

Swa zwene mit einander urliugent, der eine oder beide geleit habent, swer dem ze leide di straze angrifet, wirt er des uberziuget, als reht ist, uber den sol man rihten als uber einen strazrouber.

Wir setzen und gebieten, daz man die rehten lantstraze vare, und niemen den andern mit gewalt dwinge von der rehten straze“.

Diese Verordnungen waren die Fixierung älterer Rechte. Sie verwahrten sich außerdem gegen die zunehmenden Übergriffe erstarkender Grundherren, sei es was Zoll betrifft oder Geleit und Straßenverlauf. Die Zeichen der Zeit standen aber bereits auf weiterem Ansteigen der Territorialgewalten, und das in einem Maße, wie die Macht des Königs sank. Die Bestimmungen betonen zwar noch ausdrücklich die königlichen Rechte, gegen Willkür und widerrechtliche Übergriffe einzuschreiten; den Zollnehmern wird auch eindeutig vorgeschrieben, für den Bau, die Erhaltung und die Ausbesserung von Straßen und Brücken tätig zu sein. Doch waren die deutschen Könige bald nicht mehr in der Lage, ihre Anordnungen durchzusetzen. Als schließlich nahezu alle derartigen Rechte an die Fürsten übergegangen waren, verliehen sie Zölle und gewährten Befreiungen, entschieden sie über Wege und Brükken, übten sie das Geleitsrecht aus oder beauftragten andere. Dabei beriefen sie sich durchaus auf die alten Bestimmungen, die ihnen Grundlage eigener Rechtsordnungen blieben. Die einsetzende territoriale Zersplitterung trug allerdings dazu bei, daß es zu Mißbräuchen bei der Handhabung übernommener Rechte kam und der Handelsverkehr über Gebühr belastet wurde. Um so stärker haben Zollprivilegien, die einzelnen deutschen Handelsplätzen gewährt wurden, zu deren weiterer Entwicklung beigetragen.

Ebenso war das „Stapelrecht“ ein Privileg, das der Förderung bestimmter Märkte dienen sollte und dies auch bewirkte. Es schrieb vor, daß alle Waren, die auf einer wichtigen Straße die betreffende Stadt oder ihren Umkreis passierten, dort für eine bestimmte Zeit angeboten werden mußten.

Hinzu trat das „Umschlagrecht“ für das Umladen der Waren von Wagen auf Schiffe und umgekehrt. So war mit diesen Privilegien zwar eine deutliche Bevorzugung einzelner Städte verbunden, doch folgerte hiermit auch die Förderung manch anderer, an diesen Straßen oder Flüssen gelegenen Etappenorte.

Der Passus „Wir setzen und gebieten, daß man die rechte Landstraße fahre und niemand einen anderen mit Gewalt zwinge, von der rechten Straße abzuweichen“, hat freilich mancherorts die Weiterentwicklung des Verkehrsnetzes in den folgenden

Jahrhunderten erschwert, wenn er in das Gegenteil seines ursprünglichen Sinnes umgekehrt wurde.

Das Interesse der Territorialherren am Handelsverkehr auf ihren eigenen Straßen lag auf der Hand, denn er brachte Einnahmen aus Geleitsgeldern und aus Straßen- und Brückenzöllen. Auch der Aufenthalt in den Städten und in weiteren Rastorten gab Umsatz für Handel, Gastgewerbe und Handwerk. Hinzu kam der Verdienst für Fuhrleute beim Vorspann, wenn er zur Überquerung an Steigungen notwendig war. So lag es gleichermaßen im Interesse der Orte an den „ordentlichen Geleitsstraßen", daß der Verkehr nicht auf „verbotenen Beiwegen" vorüberrollte, wie das in manchen Beschwerden zum Ausdruck kommt.

Wenn die Landesherren seit dem 13. Jahrhundert das territoriale Geleitsrecht in eigener Machtvollkommenheit ausübten, entsprach das im Grunde den veränderten politischen Verhältnissen, denn nur jene waren in der Lage, die Sicherheit des Verkehrs aufrechtzuerhalten. Da für die Fürsten wie vorher für den König das Geleit und der Zoll eine Einnahmequelle waren, hatte der Reisende Gebühren zu entrichten. Dafür wurde ihm Schutz gewährt, der schriftlich durch den Geleitsbrief oder durch bewaffnetes Geleit erfolgte. Wer dennoch Schaden erlitt, hatte Anrecht darauf, daß ihm Ersatz geleistet wurde. Nach dem geltenden Recht war aber niemand gezwungen, das Geleit in Anspruch zu nehmen. Im „Sachsenspiegel" aus der Zeit um 1220 heißt es hierüber: „... mit recht sei er geleitsgeldes frei wenn er sein gut und seinen leib wagen will. Wem er aber geleitsgeld gibt, der soll ihn vor schaden bewahren innerhalb seines geleits oder er soll ihn ersetzen".

Im Ursprung waren Straßen- und Brückenzoll und Geleitsgeld auch als Leistungen für Bau, Unterhaltung und Sicherheit eingerichtet worden. Es lag im Interesse der Landesherren, die Ordnung auf den Straßen ihrer Territorien aufrecht zu erhalten. Daß dies nicht immer gelang, sagen uns die Berichte von Raubüberfällen. Wesentlich häufiger sind sie allerdings deshalb nicht zur Ausführung gekommen oder gescheitert, weil es bewaffnetes Geleit gegeben hat. Es sind Schilderungen erfolgreicher Abwehr überliefert, wie jener über einen Fall der Frankfurter Herbstmesse 1464. Damals haben adelige „Strauchritter" mit zahlreichen Berittenen im Gebiet des Hochstifts Würzburg einen Nürnberger Kaufmannszug überfallen, als dieser auf der Rückreise war. Die bewaffnete starke Begleitmannschaft konnte den Angriff zurückschlagen und soll vierzig Ritter und dreiundachtzig Knechte gefangengenommen haben.

Das Geleitswesen hat entscheidend dazu beigetragen, daß es nicht zu einer völligen Verwilderung des Straßenverkehrs gekommen ist. Wegen lauernder Gefahren war die Kaufmannschaft trotz der finanziellen Belastungen natürlich an einer Sicherung interessiert *(Abb. 12)*. Das läßt sich nicht nur aus den Geleitsanträgen ersehen, die in den Nürnberger „Briefbüchern" überliefert sind, sondern ebenso aus Bemühungen einzelner Ratsmitglieder. So schrieb der Ratsherr Karl Holzschuher am 10. März 1445 an den Würzburger Kanzler in einem Brief, „daß er darob sein wolle, daß die mit merklicher Hab gen Frankfurt hinabgehenden Geschirre mit Geleit versorgt werden".

Auch aus dem Kanzleideutsch der „Geleitswerbungen" und der „Geleitsbriefe" läßt sich herausle-

Abb. 12 Geleitszeremoniell. Ausschnitt aus dem Holzschnitt „Allegorie auf den Handel" von Jost Amman (1585).
Jost Amman, der seit 1561 in Nürnberg lebte, schildert in dem Holzschnitt alle Stationen des Kaufmannslebens. Der Ausschnitt zeigt das Zeremoniell bei der Übernahme des Geleits. Für große Handelszüge zu den Messen könnte das die Regel gewesen sein und war deshalb Anlaß für den Künstler, die Übernahme durch „ein Fürstlich Ampts Person" darzustellen. Er vergißt auch nicht zu erwähnen, daß niemand verpflichtet sei, Geleit zu begehren, doch müsse er dann „sein schantz" selber bestehen.

sen, daß beide Seiten das Geleit ernst genommen haben. So heißt es in einem Antrag, der zu jeder Messe neu zu stellen war:

„Der Rat von Nürnberg an den Erzbischof Dietrich von Mainz. 1446, Dezember 30. Gnediger herr. Wir bitten eure fürstliche gnaden mit ganzem fleiß, daß dieselbe euer gnaden unsere bürger und kaufleute, auch ihre habe und kaufmannschaft mitsamt den ihren in die nächstkünftige Frankfurter vastenmesse und wieder daraus mit geleite gnädig fürsehen wolle, also ob und wenn sie oder die ihren zu euerer gnaden oder den eueren darum kommen und des begehren, daß dann sie, die ihren und das ihre durch euer gnaden lande, herrschaften und gebiete zu wasser und zu lande sicher geleitet werden als ir das wollen. Und wir bitten, daß euer gnaden uns antwortet bei diesem gegenwärtigen unseren diener . . . Scriptum feria sexta post Innocentum“.

Die Antwort auf eine andere Geleitswerbung an den Mainzer Erzbischof vom 16. Juli 1450 hatte folgenden Wortlaut:

„Wir heißen euch alle unsere amtleute, untertanen, die unseren und euer jeglichen besunder, an die dieser unser brief kommen wird, daß ir die burger und kaufleut der Stadt Nürnberg, die an dieser nächstkünftigen Frankfurter herbstmesse durch unsere lande wandern werden, mit iren liben, kaufmannschaften, gütern und den iren fürder und herwider zu wasser und zu land sicher geleitet thun, so sie des an euch alle oder euer jeglichen besunder gesinnet und lassent des nicht. Und wäre es, daß also von inen an euch alle oder euer jeglichen besundern nicht gesonnen würde, nemen sie des einigen schaden, wollten wir von inen zu memale one rede sein und bleiben. Urkunde dieß briefs versigelt mit unserm zurück uffgedruckten ingesigel, der geben ist zu Ulmen am freitag nach divisionem Apostulorum an. domini millesimo quadringentes imo quinquagesimo“.

Daß „lebendes Geleit“ natürlich das bessere war, aber trotzdem nicht immer in Anspruch genommen wurde, zeigt uns ein Schreiben des Rates der Stadt Nürnberg aus dem Jahre 1553:

„. . . neun Reuter haben unsere Kaufleute bei Kaltenbrunn überfallen, aber nur ein Fäßlein mit 300 Talern, das der Bürger von Coburg Jörg Glaser ihnen mitgegeben hat, geraubt, die War aber alle dagelassen. Die Reuter sind nach dem Würzburgischen anscheinend nach Seßlach entflohen. Es waren also eher Würtzburgische als Markgräfliche. Wir schlagen deshalb lebendiges Geleite vor. Auch ist der Markgraf im Anzug. Wir lassen auch Streifen im Lande gehen“.

Geleitsverzeichnisse sind offenbar erst seit dem 15. Jahrhundert in den einzelnen Territorien erstellt worden, allerdings stets unter Berufung auf ältere Rechte. Sie dienten der Absicherung und Durchsetzung bei den nicht seltenen Streitfällen.

Eine der frühesten Aufzeichnungen über landesherrliche Geleitstraßen ist eine „Anzeige des Geleits“ im Erbbuch des Kastenamts Coburg aus dem Jahre 1492. Hierin heißt es, daß der Geleitsmann nach Angaben seiner Vorgänger und nach älteren Berichten anzeigt, wie seine „gnädigen herren“ zu geleiten haben. Nur wenige Jahre jünger ist das „Wunsiedler Landbuch“ von 1499, in dem das Geleit des markgräflichen Amtmannes zu Hohenberg an der Eger beschrieben und durch die Nennung der Geleitsgelder ergänzt wird.

1565 ließ Markgraf Georg Friedrich von Ansbach wegen eines Streites mit Nürnberg die markgräflichen Geleitsrechte, die auf Niederschriften der 2. Hälfte des 15. Jahrhunderts beruhten, erneut schriftlich festhalten. Hierüber sagt die Präambel:

„Belangend die Verglaytung von hie aus auf stat Hilpoltstein und deren orten und dann die zuordnung eines Erbern rats . . . zu besserer beschützung und versicherung irer erbern bürger und kaufleut. Dabei auch ein verzeichnis zu befinden, wie weit sich das markgrävisch glaid gerings um die stat Nürmberg erstrecken soll“.

Auseinandersetzungen zwischen den Geleitsnehmern und den Geleitsherren blieben also nicht aus, bei Nürnberg vor allem mit den Burggrafen, deren Geleit im heutigen Mittelfranken sehr weitläufig war. Zudem gab es dort und in den angrenzenden Regionen eine nicht geringe Zahl weiterer Territorialherren, die ihr Geleitsrecht ebenfalls beanspruchten. Auf der stark befahrenen Fernhandelsstraße zwischen Nürnberg und Frankfurt waren es um die Mitte des 15. Jahrhunderts allein sieben an der Zahl, die geleiten durften und wollten: die Markgrafen von Brandenburg als Nürnberger Burggrafen; die Grafen von Hohenlohe und deren Nachfolger; die Schenken von Limpurg-Speckfeld; die Grafen von Castell; das Bistum Würzburg; die Grafen von Wertheim; das Erzbistum Mainz.

Das Geleitsgeld war an sich nicht hoch, aber es addierte sich. In Nürnberg hatte der Rat für die Unkosten der „Geleitswerbung“ aufzukommen, die Kaufleute für alle anderen Gebühren, die zumindest seit Beginn des 15. Jahrhunderts nach Art und Gewicht der Güter als Umlage erhoben wurden. Im letzten Drittel dieses Jahrhunderts mußten für „grobe Ware“ pro Zentner zwei Pfennige, für „feine Ware“ sechs Pfennige und für „Gewand“ vierzehn Pfennige gezahlt werden. Diese Regelungen waren aber nicht einheitlich, weder in der Aufgliederung noch in den Gebühren. So lagen den Geleitskosten in der Coburger Herrschaft volle, halbe und geringere Wagenladungen zugrunde, bei denen dann wieder nach Art des Frachtgutes unterschieden wurde. Das schon erwähnte „Wunsiedler Landbuch“ sagt aus, daß dort das Geleitsgeld für jeden geladenen Wagen unabhängig von der Fracht zu zahlen war.

Auch die Zölle als die andere wichtige Einnahmequelle der Territorien wurden überwiegend nach Mengen berechnet: nach Wagenfuhre und Pferdelast oder nach einem Stücktarif für die Zahl von Fellen und Häuten, nach Anzahl von Stück Vieh oder bei Wein und Bier nach Fudern.

Alles in allem hatte der Handel in jener Zeit durch die Häufigkeit von Geleitsrechten und Zollstätten gerade in Franken recht hohe Lasten zu tragen, und es war letzten Endes den rührigen und einfallsreichen Ratsherren und Kaufleuten zu verdanken, wenn es im ausgehenden Mittelalter trotzdem zu einer so deutlichen Aufwärtsentwicklung kam. Hierbei schlug zu Buch, daß die Handelsstädte es frühzeitig verstanden hatten, sich Zoll- und Geleitsprivilegien und andere Vorrechte zu verschaffen und dann auf längere Zeit zu sichern.

Zur Senkung der Frachtkosten hat ferner beigetragen, daß die schiffbaren Wasserwege für den Transport benutzt wurden, vor allem von Massengütern wie Holz, Getreide, Metalle und Wein. Für den Nürnberger Handel geschah das auf Regnitz und Main von Bamberg aus und auf der Donau von

Regensburg aus flußabwärts, aber auch umgekehrt flußauf bis zum selben Umschlaghafen. Beim Schiffstransport konnten bei diesen Gütern die reinen Transportkosten erheblich gesenkt werden, sie machten nur etwa ein Drittel des Straßenverkehrs aus. Dieser Rechnung stand für die Mainschiffahrt allerdings eine ausnehmend hohe Anzahl von Zollstätten gegenüber; von Bamberg bis Offenbach, der letzten vor Frankfurt, mußte seit dem Spätmittelalter bis zum Ende des Alten Reiches sage und schreibe dreißigmal Zoll gezahlt werden. Das geschah in Bamberg, Eltmann, Haßfurt, Oberthe-res, Mainberg, Schweinfurt, Volkach, Kitzingen, Marktbreit, Ochsenfurt, Würzburg, Karlstadt, Karlburg, Zwing, Gemünden, Langenprozelten, Lohr, Neustadt, Rothenfels, Homburg, Wertheim, Stadtprozelten, Freudenberg, Miltenberg, Klingenberg, Aschaffenburg, Stockstadt, Steinheim, Hanau und Offenbach. Zwölf dieser Zollstätten gehörten Würzburg, sieben Mainz, fünf den adeligen Grundherren, eine Bamberg, städtisch waren drei. Es ist verständlich, wenn die Vielzahl dieser Haltestellen nicht nur für den Transport ein Ärgernis bedeutete, sondern daß hierdurch auch die Ersparnis an Frachtkosten um etliches vermindert wurde. Der Schiffstransport konnte deshalb dem auf den Straßen zu keiner Zeit eine lästige Konkurrenz werden, wenn er auch auf diesen Strecken bis in das 17. Jahrhundert der billigere blieb.

Das Interesse der Kaufleute am Geleit blieb bis zum Ende des 17. Jahrhunderts erhalten, wenn es während des Dreißigjährigen Krieges und in den Jahrzehnten danach auch nicht immer erfolgreich gehandhabt wurde. Ein Aktenband Nürnberger Geleitswerbungen für die Leipziger Messen aus den Jahren 1654 bis 1707 zeigt, daß auch der Modus noch der gleiche war, wenn es dort heißt:

„... damit gemelte unsere Bürger und Kaufleuth, samt ihrer Habe und Kaufmannschaft und den Ihren, in berührten Jubilatemarkt und wieder daraus, durch das Fürstentum Coburg, auch dessen Herrschaft und Gebiet, mit Sicherheit und Glaidt, der Notdurft nach versehen werden".

Im Laufe des 18. Jahrhunderts verlor das Geleit, das über eine lange Zeit das Verkehrsgefüge bestimmt und damit den Straßenverlauf festgeschrieben hatte, seine Bedeutung, nicht zuletzt durch die deutlich verbesserte Sicherheit. Bis zum Ende des Alten Reiches stand den Geleitsherren das Regal zwar uneingeschränkt zu, und in den Landesbeschreibungen wurde es auch stets ausdrücklich vermerkt. In vielen Fällen, wie bei den mehrfachen Landesteilungen der Ernestinischen Fürstentümer, geriet es aber bereits zur Farce, wie man in einer „Topographie" des Christian von Sprengeysen des Jahres 1781 über eine kaiserliche Anweisung nachlesen kann:

„Denn nach diesem soll das Nürnbergische freye Reichsgeleit, so alle Jahre 6 mal durchgehet, durchs Amt Coburg von S. Saalfeld alleine, durchs Untergericht Neustadt mit S. Meiningen gemeinschaftlich und durch das Obergericht von S. Meiningen alleine geführt werden, weswegen auch in diesem Concluso bestimmt ist, daß die Trankgelder, so die Nürnbergische Kaufleute gewöhnlich an die Geleitsreuter bezahlen, auf dem Weg von Nürnberg nach Leipzig in Koburg bis nach Sattelpaß bezahlt werden sollen, hingegen bezahlen sie die Trankgelder von Sattelpaß bis Koburg an die Meiningischen Geleitsreuter zu Judenbach".

In Wirklichkeit hatte sich in dieser Zeit das Hauptgewicht der landesherrlichen Bemühungen schon lange auf den Straßenzoll verlagert, der schließlich überall in das System der Grenzzölle überging. Es ist nur zu verständlich, daß die Zersplitterung in kleine und kleinste Territorien auch beim Zoll zu unerfreulichen und allmählich unerträglichen Verhältnissen führte und zu einer Plage für den Handel wurde. Diese Mißstände konnten erst im 19. Jahrhundert durch die Zollvereine beseitigt werden.

Straßenräuber und Raubritter

Schon in der Frühgeschichte haben Fuhrwerke mit Naturalien und Karren mit Handelswaren Diebe und Räuber angelockt. Die Volksrechte der germanischen Stämme stellten deshalb jeden Stammesgenossen, der die Straße benutzte, unter besonderen Schutz; Vergehen und Verbrechen auf den Wegen, seien es Behinderung, Raub oder Tötung, wurden hart bestraft. Die mittelalterlichen Verordnungen gingen zumeist auf ältere Rechte zurück, wie das schon in anderem Zusammenhang erwähnt wurde. Auch der „Mainzer Landfrieden" nimmt deutlich auf überkommenes Recht bezug, wenn an einer Stelle gesagt wird: „Wer gegen unseren Willen und gegen bessere Überzeugung einen höheren oder gar ungerechten Zoll erpreßt, soll wie ein Straßenräuber bestraft werden". Ebenso wurden andere, die Straße betreffende Gesetzesüberschreitungen dem Straßenraub gleichgesetzt. Er galt damals wie schon zuvor als ein schweres Vergehen, gegen das energisch eingeschritten wurde.

Wegelagerer und Strauchdiebe kamen vor allem aus den unteren Schichten der Bevölkerung, aus dem „unehrlichen Gewerbe" der Gaukler, entlaufenen Mönchen und Leibeigenen, später aus Deserteuren und entlassenen Söldnern. Nicht umsonst wurden abends die Stadttore geschlossen, man wollte vor lichtscheuem Gesindel sicher sein.

Aber auch von Angehörigen der Ritterschaft ging seit dem Ende des hohen Mittelalters eine Bedrohung der Sicherheit auf den Straßen aus *(Abb. 13)*. Die ungeklärten Rechtsverhältnisse gaben ihnen die Möglichkeit, sich auf das alte Recht der Fehde zu berufen. Sie war ein ursprünglich legitimes Mittel zur Selbsthilfe, wenn die Form der Ankündigung gewahrt wurde und der „rechte Grund" gegeben war, der sich freilich sehr schwer und nur nachträglich feststellen ließ. Staat und Kirche des Mittelalters versuchten deshalb schon seit dem 11. Jahrhundert, die Fehde durch Bestimmungen des „Landfriedens" und des „Gottesfriedens" einzuschränken und schließlich aufzuheben. Ganz gelang das aber erst dem fürstlichen Absolutismus, nachdem in die alles umfassende Staatsgewalt auch das Recht einbezogen war.

Der „Mainzer Landfrieden" von 1235 enthielt das Gebot einer Einschränkung der Fehde; es wurde 1274 auf dem Hoftag in Nürnberg durch Rudolf von Habsburg erneuert, der danach mit der Hinrichtung zahlreicher Raubritter ein deutliches Zeichen setzte. Schließlich sollte der auf dem Reichstag zu Worms 1495 verkündete „Ewige Landfrieden" allen Gewalttaten ein Ende bereiten. Hierauf berief sich 1497 ein „Reichskammergericht-Mandat" wegen eines Überfalls auf den Kläger Johann von Heyden. Er war „wider die gulden bullen, kuniglich reformacion und den jungst verfasten gemeinen Landfrieden, auf des heiligen Reichs strassen bey und vor den pforten unser Statt Essende am abend übrrandt, geslagen, gefangen, und auf dein Rüdgers Sloss gefürt. Ime auch alsbalde ob fünfhundert gulden werbt an parschaften und kleymotten rauplich und gewaltiglich genommen, einen knecht auf der walstadt todtgeslagen".

Wenn dieses uns überlieferte Verfahren sich zwanzig (!) Jahre hinzog, bis der Kläger endlich zu seinem Recht kam, so läßt das deutlich erkennen, wie schwer sich das Reich damals noch tat, derartige Praktiken zu unterbinden und die weit verbreiteten Rechtsauffassungen auszumerzen.

Daß auch Angehörige des Rittertums — eine der Stützen des Hochmittelalterlichen Reiches — in diese Rechtskonflikte gerieten, hatte schwerwiegende Gründe. Zum einen waren es Änderungen im Kriegswesen durch das Aufkommen der Landsknechte mit Feuerwaffen, die den Rittern ihre Aufgaben im Dienste des Reiches nahmen; auch ließ sie der Rückgang ihrer Einkünfte aus der Agrarwirtschaft neben den reich werdenden Städten verarmen; und schließlich ging ihre politische Bedeutung durch das Erstarken der Fürsten immer mehr zurück. Adelige ritterlichen Standes schlossen sich deshalb zur Sicherung ihrer Interessen gegen Fürsten und Städte in Ritterbünden zusammen, die in die unmittelbare freie Reichsritterschaft übergingen; andere traten in fürstliche Dienste; wieder andere sahen sich als Verteidiger ihrer Privilegien und hielten den „Ewigen Landfrieden" für einen ungerechtfertigten Eingriff in ihre Rechte.

Auch Götz von Berlichingen mag sich in dieser Rolle gesehen haben, gleichwohl er oft im Dienst des Kaisers und im Fürstendienst stand. Seine freimütigen Lebenserinnerungen, als Rechtfertigung seiner „ritterlichen Taten" gedacht, zeigen ihn mit seinen ständigen Fehden aber ebenso als Vertreter eines entarteten Rittertums, das die Handelsstraßen oft zu seinem Kampfplatz machte. Hierüber hat Götz mehrfach und nicht selten mit Zynismus berichtet. So schreibt er von einem Überfall im Jahre 1512:

„Nun will ich niemand bergen, ich hett Willens auch deren von Nürnberg Feind zu werden, und gieng schon mit der Sach um, und dacht, du mußt noch ein Handel mit dem Pfaffen, dem Bischoff von Bamberg haben, damit die von Nürnberg auch in das Spiel gebracht werden, und wurf also darauf dem Bischof in seinem Gleide nieder 95 Kauffmänner, und war so fromm, daß ich nichts heraus nahm, dann allein was Nürnbergisch war, der waren nun ungefährlich in die 30".

Seine Überfälle auf Kaufleute waren keine Seltenheit, wenn sie ihm auch des öfteren mißlangen. Schon 1512 wurde die Reichsacht über ihn verhängt; die wohl nicht ganz freiwillige Teilnahme am Bauernkriege gegen die Fürsten sollten seinem Treiben dann schließlich ein Ende setzen.

Dem Ritter Hans von Selbitz, den Götz mehrmals erwähnt und als einen „guten Gesellen" benennt, war schon wesentlich früher das Handwerk gelegt worden. Selbitz hatte um das Jahr 1508 unweit von Gräfenthal mehrere Nürnberger Kaufleute bei deren Ritt zur Leipziger Ostermesse überfallen und gefangengenommen, wie der Rat von Nürnberg an Sebastian von Pappenheim, dem Amtmann von Gräfenthal schrieb, ohne daß zunächst bekannt war, wer der Täter gewesen ist.

Abb. 13 Raubüberfall auf Kaufleute. Holzschnitt aus Cicero „Officia" (1535).
Überfälle auf einzeln reisende Kaufleute und auf größere Kaufmannszüge sind während des Mittelalters und bis in die Neuzeit keine Seltenheit gewesen. Bargeld, Wagenladungen und Pferde fielen den „Plackern", wie Wegelagerer und Raubritter genannt wurden, oft genug in die Hände, wie das Bild es drastisch zeigt. Mancher Kaufherr, Fuhrmann und Knecht hat auch mit dem Leben bezahlen müssen. Aber trotz der vielen Klagen über die Unsicherheit auf den Straßen sind Überfälle sicher nicht an der Tagesordnung gewesen; auch damals ist wohl häufiger über Raub und Totschlag berichtet worden als über das, was normal und gut war. Geleitsschutz und harte Strafen haben dem Unwesen, wenngleich nicht immer und überall, erfolgreich entgegenwirken können.

Offenbar gelang es jedoch später, Hans von Selbitz zu überführen. Denn 1510 richtet er an seinen Landesherren, den Kurfürsten Friedrich den Weisen, ein Schreiben, in dem er um Gnade bittet, Urfehde schwört und bekennt:

„. . . dieweil ich die Kauffleut, halb uffen Wald, die ich in Ihrer Fstl. Gn. Fürstentumb bei Greffentoll uff der Straßen niedergeworfen, weggeführt, beschädigt und geschatzt, zu Ungefallen gehandelt habe . . .".

Seit der zweiten Hälfte des 16. Jahrhunderts hat sich die Sicherheit auf den Straßen zweifellos gebessert, wenn auch immer noch von Raubüberfällen berichtet wird. Ein deutlicher Rückschlag kam dann aber durch den Dreißigjährigen Krieg. Er hat den Handel zwar auch nicht in den betroffenen Gebieten zum Erliegen gebracht; durch Wegelagerer und Marodeure und durch Übergriffe raubender Soldaten wurde er aber eingeschränkt, nicht selten kam es zu herben Verlusten an Geld und Waren, ja an Leib und Leben.

Einer der Überfälle auf Nürnberger Kaufleute geschah im Januar 1638. Der Geleitzug kam von der Neujahrsmesse in Leipzig zurück, das er bei der Hinfahrt mit anderen unbehelligt erreicht hatte. Trotz einer Warnung des Coburger Bürgermeisters übernachteten die Kaufleute, die nur einen Geleitsmann bei sich hatten, nicht in dem Städtchen Neustadt. Vielmehr wollten sie trotz der unzureichenden Bewachung nach Coburg weiterziehen. Bereits kurz hinter Neustadt fiel eine schwer bewaffnete Reiterschar über die Handelskarawane her, tötete zwei Kaufleute, zwei Fuhrmänner und einen Knecht, raubte die Überlebenden völlig aus und nahm auch noch alle Pferde mit.

Dieser Überfall war während der Kriegszeit keine Ausnahme. 1639 gab es deren vier, weitere drei folgten 1640, in den Jahren 1641 bis 1645 kam es je einmal zu Plünderungen und Totschlag und 1646 waren es noch einmal drei Überfälle mit schweren Schäden, worüber in Nürnberger Akten berichtet wird. Wahrscheinlich waren die Übeltäter immer Angehörige einer durch den langen Krieg verrohten Soldateska, deren man offenbar in keinem Fall habhaft werden konnte.

Auch in den Jahrzehnten nach dem Dreißigjährigen Krieg haben Räuberbanden aus gewesenen Söldnern und anderen entwurzelten Elementen noch eine Zeit ihr Unwesen getrieben. Doch gelang es nun, den Straßenraub durch energische Maßnahmen bis zum Ende des 18. Jahrhunderts erheblich einzudämmen, trotz der damals Mode werdenden literarischen Glorifizierung des „edlen Räubers". Zwar gab es auch dann noch unsichere Gegenden, die nicht ohne Gefahren waren, der organisierte Straßenraub fand jedoch sein Ende.

Die Straßenkarten des Nürnbergers Erhard Etzlaub — ihre Vorläufer und Nachfolger

Die Kenntnisse über den Verlauf der Straßen des Nürnberger Handels, die im nächsten Abschnitt noch eingehend betrachtet werden sollen, verdanken wir vor allem den Straßenkarten des 16. und 17. Jahrhunderts. Den Anfang dieser kartographischen Neuheiten machen die beiden Straßenkarten des Nürnbergers Erhard Etzlaub, die von Georg Glogkendon in Nürnberg gedruckt wurden.

Abb. 14 „Romwegkarte" von Erhard Etzlaub. Holzschnitt (1500).
Die Romwegkarte des Nürnbergers Erhard Etzlaub ist die älteste deutsche Straßenkarte. Der Autor hat offensichtlich den zu erwartenden Pilgerstrom im „Heiligen Jahr" zum Anlaß genommen, diese Karte zu erstellen, die von seinem Verleger Glogkendon wahrscheinlich in mehreren Auflagen gedruckt wurde. Da für den Kompaßmacher und Astronomen Etzlaub der Süden die dominierende Himmelsrichtung war, ist die Karte „gesüdet": Italien erscheint am oberen Bildrand, Dänemark am unteren.

Die erste, die „Romwegkarte“, hatte das Heilige Jahr anno 1500 und den zu erwartenden Pilgerstrom zum Anlaß *(Abb. 14)*. Ihre Straßenzüge reichen von Ribe in Dänemark, von Brügge und Utrecht, von Stettin und Krakau und von Wien nach Rom. Wegen des Formates von 28,5 x 40,5 cm und einem Maßstab von etwa 1:5 300 000 hat Etzlaub nur einige wenige Hauptrouten der damaligen Nord-Süd-Straßen unterbringen können. Das heutige Franken wird in der Karte von der Route Erfurt — Nürnberg durchquert und von einer anderen Route im Westen berührt. Etappenorte der ersten sind Coburg — Bamberg — Forchheim — Erlangen — Nürnberg — Roth — Weißenburg, die der zweiten Miltenberg — Crailsheim — Dinkelsbühl.

Bei der „Landstraßenkarte“ von 1501 hat Etzlaub das Straßennetz erheblich erweitert, wozu ihm der etwas günstigere Maßstab von rund 1:4 100 000 mit einer Kartengröße von 38,3 x 49,1 cm entgegenkam. Die Erweiterung betrifft vor allem die West-Ost-Richtung, mit der unter anderem Calais, Paris, Toulouse, Barcelona, Genua, Budapest und Thorn einbezogen wurden. Doch sind auch Routen hinzugekommen, die von Nürnberg ausgehen. Wir finden in dieser Karte die Straßen nach Frankfurt über Windsheim, Tauberbischofsheim und Miltenberg, nach Wimpfen über Rothenburg, nach Ellwangen über Schwabach und Dinkelsbühl, nach Nördlingen über Schwabach und Gunzenhausen, nach Neustadt a. d. Donau über Berching, nach Regensburg über Neumarkt, nach Weiden über Sulzbach und nach Plauen über Gräfenberg, Pottenstein, Bayreuth, Gefrees und Hof *(Abb. 15)*.

Meist decken sich die Pilgerstraßen der „Romwegkarte“ mit denen der „Landstraßenkarte“, wenn nicht, dann sind sie in der zweiten aus Platzmangel nicht aufgeführt. Es war ganz natürlich, daß die Rompilger auch die großen Fernstraßen benutzt haben und von ihnen nur abgewichen sind, wenn es darum ging, Klöster aufzusuchen oder die Wallfahrt auf Gnadenorte und Reliquienstätten auszudehnen.

Es ist nicht zu übersehen, daß Etzlaub seine Heimatstadt Nürnberg in den Mittelpunkt beider Karten gestellt hat. Das tat er nicht aus unbegründeten Lokalpatriotismus, sondern aus der Kenntnis eines selbstbewußten Bürgers über die Bedeutung dieser Stadt und ihrer zentrale Lage im Herzen Europas.

Die erstaunliche Tatsache, daß Etzlaubs Angaben über die Entfernungen der Etappenorte und der Gesamtstrecken gegenüber modernen Straßenkarten eine relativ geringe Fehlerquote aufweisen, läßt erkennen, mit welcher Gründlichkeit der Autor die damaligen Quellen ausgewertet hat. Dazu gehörten auch ältere Karten, im wesentlichen konnte er sich aber auf Itinerare, das heißt Wegelisten, und auf Reiseberichte stützen. Ihr Umfang muß für Etzlaub größer gewesen sein, als die uns überlieferten Exemplare. Zu diesen gehört ein Itinerar des Abtes Albert von Stade an der Elbe aus der Zeit um 1250, das er für eine Reise nach Rom und für die Rückreise zusammengestellt hat. Da hierin alle Etappenstationen mit den Entfernungen genannt sind, läßt sich der Verlauf der Marschroute gut verfolgen, auch die uns besonders interessierende Straße, die von Innsbruck über Augsburg nach Celle führte. Im fränkischen Raum hat der Abt die Orte Dinkelsbühl, Rothenburg, Aub, Ochsenfurt, Würzburg, Schweinfurt, Münnerstadt, Neustadt (a. d. Saale) und Meiningen aufgezählt.

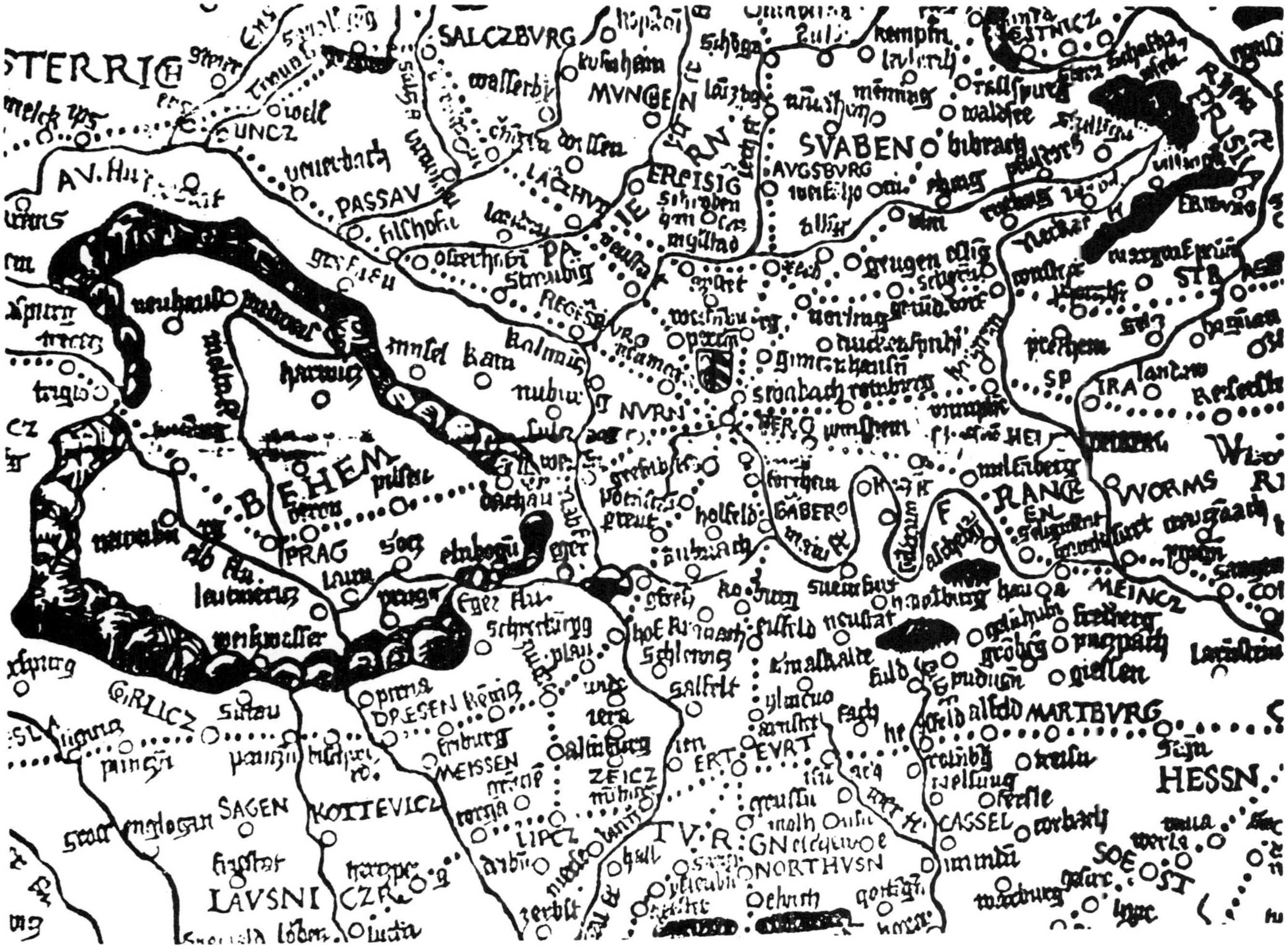

Abb. 15 Ausschnitt aus der „Landstraßenkarte" von Erhard Etzlaub. Holzschnitt (1501).
Nur ein Jahr nach der „Romwegkarte" folgte ein weiteres Werk Etzlaubs, die „Landstraßenkarte". Bei ihr hat er das Straßennetz erheblich erweitert, vor allem in West-Ost-Richtung, und wichtige Handelsorte, wie Calais, Toulouse, Barcelona, Genua, Budapest, Thorn und andere einbezogen. Der Ausschnitt mit Nürnberg als angenähertem Mittelpunkt läßt beim Vergleich mit der Romwegkarte erkennen, welche Straßen in dem abgebildeten Raum — von Böhmen bis zum Rhein und von Bayern bis nach Thüringen — hinzugekommen sind.

Wesentlich umfangreicher ist das um 1380 entstandene „Brügger Itinaerar“, ein flandrisches Verzeichnis von Pilgerrouten und Handelsstraßen. Es ging vom damals bedeutenden Hafenort Brügge aus und bot den Reisenden ein Wegenetz mit rund 1480 Einzeletappen. Die Straßen führten über Bordeaux nach Santiago de Compostela, über Paris und Barcelona nach Südspanien, über Genua und Rom nach Süditalien, über Erfurt und Breslau nach Krakau und Kiew, über Lübeck entlang der Ostseeküste nach Nowgorod, durch Jütland nach Skandinavien und Island, über Frankfurt nach Augsburg und Wien und von dort nach Budapest und Konstantinopel. Die letztgenannte Route nennt außerdem zwei Straßen nach Böhmen, die sich von Aschaffenburg aus in die Stränge Miltenberg — Aub — Nürnberg und Würzburg — Kitzingen — Nürnberg gabeln.

Ein drittes Itinerar, das hier erwähnt werden soll, ist die sogenannte „Meerfahrt des Hans Porner“ der Jahre 1418/1419. Das Routenverzeichnis beschreibt eine Reise von Hameln über Leipzig und Nürnberg nach Verona und den Rückweg durch die

Ein neüwes nüczliches Raißbüchlin / der fürnemesten Land / vnnd Stett / Durch mich Jörg Gail Burger zů Augspurg / in truck verfertiget

Mit Rö. Kay. May. Priuilegia / in zehen Jaren nit nachzůtrucken.

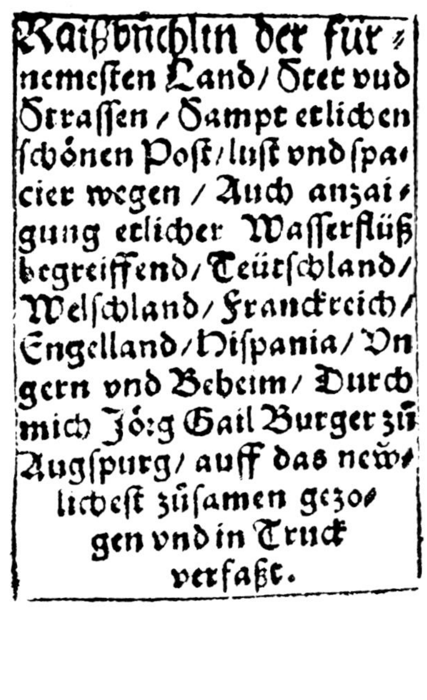

Raißbüchlin der fürnemesten Land / Stet vnd Strassen / Sampt etlichen schönen Post / lust vnd spacier wegen / Auch anzaigung etlicher Wasserflüß begreiffend / Teütschland / Welschland / Franckreich / Engelland / Hispania / Vngern vnd Beheim / Durch mich Jörg Gail Burger zů Augspurg / auff das new- lichest zůsamen gezogen vnd in Truck verfaßt.

Abb. 16 Titelblätter des „Raißbüchlin“. Routenhandbuch von Jörg Gail (1563). ▷
„Ein neuwes nüczliches Raißbüchlin“ hat der Augsburger Jörg Gail sein Routenhandbuch genannt, und es war in der Tat für die Reisenden jener Zeit von großem Nutzen; enthält es doch mit einem Umfang von 272 Seiten die ungewöhnlich große Zahl von 242 Routen mit 2400 Einzeletappen. Die erste Reiseroute des Büchleins geht von Prag nach Frankfurt, wofür Gail 16 Stationen und die Entfernungen in Meilen aufzählt. In gleicher Weise hat er alle weiteren Routen zusammengestellt und die Straßenkarten Etzlaubs ergänzt.

Schweiz und entlang des Rheines. In unserer Region zeigt sie eine Streckenführung, die Leipzig über Plauen — Hof — Bayreuth — Nürnberg — Weißenburg mit Augsburg verbunden hat und bis in das 20. Jahrhundert eine Fernstraße von hoher Bedeutung gewesen ist.

Nach Etzlaub tritt zunächst der Augsburger Georg Erlinger als Autor von Straßenkarten auf. Sein erstes bekanntgewordenes Werk ist eine Karte mit dem Titel „Das heilig Römisch reich mit allen landstraßen. Und wie das an vier mär und neun Künigreich stossen ist". Sie wurde 1515 gedruckt und stellt im Grunde eine Kopie der Etzlaubschen Landstraßenkarte dar. Dasselbe trifft für eine zweite Karte Erlingers aus dem Jahre 1524 zu, die diesmal den Titel trägt: „Gelegenheit Teutscher lannd unnd aller anstoß das man mit Hilff eins Compas gewisslich von einem ortt zu dem andern ziehenn mag". Die einzige kartographische Neuerung gegenüber Etzlaub ist bei Erlinger die Anordnung der Himmelsrichtung; die Karten sind nicht mehr „gesüdet", sie haben bereits Norden an der Oberseite des Kartenbildes.

Nach Erlinger sind neue Straßenkarten, die Aufschluß über das Wegenetz Frankens geben, längere Zeit nicht aufgetaucht. Erst in dem Atlaswerk „Itinerarium Orbis Christiani" des Michael von Eitzing aus den Jahren 1579/1580 erschien als eines der Einzelblätter die Karte „Franckenlandtt". Anders als bei Etzlaub und Erlinger steht hier Würzburg im Mittelpunkt der Straßenzüge; es gibt auch einige neue Routen, während andere der Vorgänger fehlen. Insgesamt hat Eitzing zehn für Franken wichtige Straßen dargestellt: von Würzburg nach Brükkenau mit dem Fernziel Lübeck; nach Frauenwald mit dem Fernziel Leipzig; eine Abzweigung dieser Straße nach Coburg; nach Weißenstadt mit dem Fernziel Prag; nach Amberg; nach Eichstätt mit dem Fernziel Wien; eine Abzweigung nach Dinkelsbühl mit dem Fernziel Augsburg; nach Schöntal mit dem Fernziel Straßburg; nach Strümpfelsbrunn mit dem Fernziel Heidelberg; nach Aschaffenburg mit dem Fernziel Frankfurt.

Noch vor Eitzings Straßenkarte erschien 1563 ein „Reisebuch" des Augsburgers Jörg Gail *(Abb. 16)*. Er hat es als „Ein neuwes nützliches Raißbüchlin der fürnemesten Land unnd Stett in truck verfertigt" und durch eine handliche Zusammenstellung von zahlreichen Fernstraßen mit rund 2400 Einzeletappen ein Werk vorgelegt, das für die damalige Zeit seinesgleichen sucht. Wie der Autor im Vorwort sagt, hat er das Büchlein erst nach langen Vorarbeiten und Reisen durch „Teutsch — Welschland und Franckreich" fertiggestellt. Da er sich verständlicherweise auch anderer Reisebücher, Itinerare und Straßenkarten bedient hat, ist ihm eine umfangreiche Darstellung wichtiger und weiträumiger Routen gelungen, auf die sich die Autoren und Kartenmacher des späten 16. und des 17. Jahrhunderts in vielen Fällen gestützt haben.

Neben Reisehandbüchern und Karten tauchte in der 2. Hälfte des 16. Jahrhunderts eine völlig neue Art der Wiedergabe des Straßenverlaufes auf, die sogenannten „Wegzeiger" oder „Meilenscheiben" mit Augsburg, Erfurt und Nürnberg als Mittelpunkt. Sie waren Holzschnitt- oder Kupferstichdrucke in Kreisform mit Unterteilung in eine Anzahl von Segmenten. Jedes Segment stellte eine Fernstraße dar, die vom Zentrum ausging und für jeden Etappenort die Entfernung nannte.

Nach dem heutigen Stand ist die um 1565 gedruckte Augsburger Meilenscheibe von Hans Rogel die älteste. Mit Erfurt als Mittelpunkt sind zwei Meilenscheiben bekannt geworden, die in die Wende des 16. zum 17. Jahrhunderts gesetzt werden. Nürnberger Wegzeiger gibt es sogar in sechs Ausführungen. Die älteste von Georg Kreydlein, datiert um 1575, zeigt 13 Nürnberger Routen. Die jüngste stammt aus dem Jahre 1613 und hat Johann Schirmer als Autor, der bereits 1612 eine ähnliche hatte drucken lassen. Sein „Wegzeyger" von 1613 enthält 24 Fernstraßen mit 545 Etappenorten, die er in einem Format von nur 28 cm Durchmesser untergebracht hat *(Abb. 17)*. Mit einer solch großen Zahl von Einzelnennungen und der Angabe ihrer Entfernungen war diese Meilenscheibe für die Reisenden sicher eine sehr nützliche Unterlage. Allerdings hatte sie wie alle anderen wegen des festgeschriebenen Ausgangszentrums gegenüber Karten und Reisebüchern auch Nachteile. Das dürfte wohl der Grund gewesen sein, warum sie nach einem knappen Dreivierteljahrhundert keine Nachfolger mehr fanden, während Straßenkarten nun immer mehr in Gebrauch kamen.

Von diesen ist die Straßenkarte der Rothenburger Kartographen Johann Georg Jung und Georg Konrad Jung zu nennen. Sie erschien 1641 mit dem Titel „Totius Germaniae novum Itinerarium" erst 140 Jahre nach Etzlaubs Straßenkarten, bringt aber nun mit ihrem Format von 56 x 42 cm und einem Maßstab von 1:2 500 000 auch ein erheblich dichteres Wegenetz als Etzlaub und dessen Nachfolger. Sie kann somit manche weiteren Etappenorte zur Stützung des Trassenverlaufes bieten.

Einzelheiten über den Verlauf der Trassen lassen sich manchmal besser und genauer aus den gezeichneten Karten räumlich begrenzter Gebiete erkennen, wenngleich sie oft weder flächen- noch winkeltreu sind. Sie wurden in der Regel auf Anweisung landesherrlicher Verwaltungen angefertigt und gingen häufig auf Rechtsstreitigkeiten oder ähnliche Anlässe zurück. Ihre sachliche Richtigkeit der geographischen Darstellung kann man deshalb zumeist voraussetzen, wenn auch nicht in allen Fällen.

So zeigt die Karte der „Nürnberger Wälder" interessante Einzelheiten der dortigen Ausfallstraßen. Sie wurde von Jörg Nöttelein vor 1556 entworfen und 1559 gedruckt. Was die Reichsstadt unmittelbar betrifft, sind zwei Karten des Nürnberger Kartographen Paul Pfinzing herauszustellen, der als Patrizier dem „Inneren Rat" angehörte. Im ersten Fall hat er 1592 den Verlauf der Pegnitz durch die Stadt gezeichnet, vom östlichen Stadtrand bis zur Mündung bei Fürth, mit allen dort betriebenen Wasserrädern und Mühlen. Eine zweite Karte stammt aus dem Jahre 1596; sie zeigt die Landwehr mit der näheren Umgebung Nürnbergs und gibt Aufschluß über interessierende Details.

Allen geschilderten Karten haften zwar noch Mängel an, Flächen- und Winkelverzerrungen sind manchmal groß, Details oft fehlerhaft. Das mindert aber ihren hohen Wert wie den der Itinerare und Reiseberichte jener Jahrhunderte keineswegs. Sie wurden mit einfachen Hilfsmitteln erarbeitet, gezeichnet und gedruckt, und wenn sie sich auch nicht mit den Erzeugnissen der modernen Kartographie messen können, so ist es ihr Reichtum an Informationen, der es erlaubt, ein recht konkretes Bild des Straßennetzes dieser Zeit darzustellen.

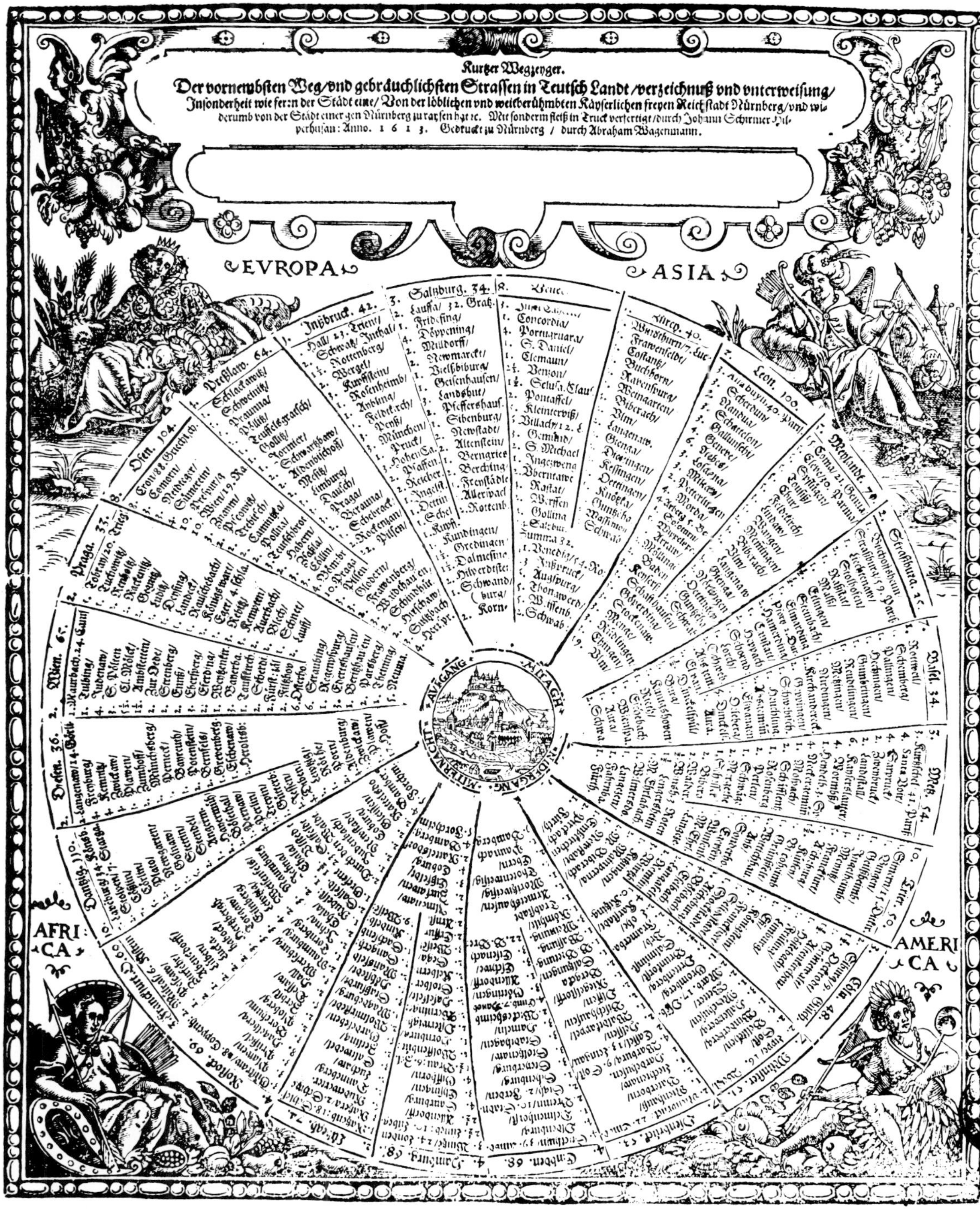

Abb. 17 „Wegzeyger" von Johann Schirmer. Einblattdruck (1613).
Der Wegzeiger von Johann Schirmer bringt mit 24 von Nürnberg ausgehenden Routen und 545 Etappen ebenfalls eine wertvolle Ergänzung zu den Straßenkarten jener Zeit. Zwar hat sich der Autor, wie damals üblich, auf Vorgänger gestützt, doch hat er auch eigene Erweiterungen gebracht.

NORENBERGA.
Nürmberg
1 S. Sebald.
2 Rahthaus.
3 Prediger Clost.
4 Unser Frawen.
5 Augustiner Cl.
6 S. Ægidy.
7 Spital.
8 Barfüßer Cl.
9 S. Catharina Cl.
10 S. Laurentij.
11 S. Iacobi.
12 Carthus Cl.
13 S. Clara Closter.
14 S. Margretha Cl.
15 Zeughaus.
16 Weysse thürn.
17 Teütsch haus.
18 Roßmarckt.
19 Fischbach.
20 Der Marckt.
21 Innere Lauffer thürn.
22 Schieß graben.
23 Schüt thürn.
24 Die Schütt.
25 Das Schloß.
26 Kornhaus.
27 Lüg ins landt.
28 Ochsenfelder.
29 Hew marckt.
30 New thor.
31 Haller thorlein.
32 Spital thor.
33 Frawen thor.
34 Werter thorlein.
35 Lauffer thor.
36 Die Pegnitz.
37 Thiergartner thor.
38 Fleisch Brück.
39 Kornmarckt
40 Marstall
41 Hadermühl.
42 Hallerwisen.
43 Mühlen.
44 Steinbrück.
45 Vestner thor.

◁ *Abb. 18 Stadtplan von Nürnberg. Kupferstich von Matthäus Merian (1648).*

Der Kupferstich gibt durch die Art seiner Darstellung ein plastisches Abbild der Stadt mit ihrem Mauerring, wie sie im 14. und 15. Jahrhundert durch das Zusammenwachsen der Sebalder und Lorenzer Siedlungen entstanden war. Die fünf Haupttore sind deutlich auszumachen: im Norden, unmittelbar links der Burg, das Tiergärtnertor mit seinem Turm, der noch nicht mit einer runden Ummantelung versehen wurde wie die anderen. Es ist neben dem Laufer Schlagtor das älteste. Das Laufertor im Osten entstand 1390 anstelle dieses „Inneren Laufertors". Im Süden ist das Frauentor zu sehen, das bei der „letzten Stadtbefestigung" ebenfalls anstelle eines älteren Tores nach außen rückte und 1388 fertiggestellt sein soll. Im Südwesten liegt das Spittlertor, das bis 1385 errichtet wurde und ein älteres, den noch erhaltenen „Weißen Turm", ersetzt hat. Im Nordwesten ist das Neutor zu erkennen, das um 1380 entstanden ist und wie die übrigen, nach außen verlegten Tore ein „inneres", das nicht mehr erhalten ist, abgelöst hat.
Der Merianstich geht auf ältere Pläne zurück und läßt neben vielen Einzelheiten auch den innerstädtischen Verlauf der in Nürnberg ankommenden Fernstraßen erkennen. Durch das Tiergärtnertor trat die Nord-Süd-Route von Erfurt und Leipzig in die Stadt ein, der Straßenzug kam die heutige Bergstraße herunter zum „Hauptmarkt", der seine Funktion als geschäftlicher Mittelpunkt von Kaiser Karl IV. erhielt. Durch sein Dekret vom 16. 11. 1349 wurde dem Rat gestattet, ihn dort anstelle des Judenviertels anzulegen. Vom Hauptmarkt nach Süden wurde die Pegnitz auf zwei Brücken überschritten, auf der „Barfüßerbrücke" und auf der „Fleischbrücke". Durch den Lorenzer Stadtteil gelangte der Fernverkehr nun auf zwei Strängen nach Süden und nach Südwesten: vorbei an der Lorenzkirche zum Frauentor nach Regensburg und Salzburg und in Richtung Weißer Turm — St. Jacob zum Spittlertor nach Augsburg, Ulm, Straßburg und Saarbrükken. Der Fernverkehr der West-Ost-Achse rollte, von Frankfurt kommend, durch das Neutor. Auch für ihn ist der weitere Straßenverlauf im Stadtplan gut zu verfolgen. Zunächst nahm er Richtung zur Sebalduskirche und lief nördlich des Neuen Rathauses weiter über den Heumarkt zum Laufer Schlagturm und durch das Laufertor, das für die Routen nach Dresden und nach Prag den Weg wies.

Die Hauptrouten des Nürnberger Handels

„Europas Überlandstraßen und Seerouten des Fernverkehrs bildeten zu Beginn des 15. Jahrhunderts ein relativ stabiles und seit langem eingespieltes System des Warenaustausches", schreibt Hellmut Diwald im 1. Band der Propyläen Geschichte Europas und fährt fort: „Hauptschlagader des gesamten europäischen Handels war seit alters her das Mittelmeer gewesen. Nach der Eroberung der Seeherrschaft durch die islamischen Araber hatten sie auch den Handel in ihre Hand bekommen, vom 8. bis 11. Jahrhundert. Danach waren die Seefahrtmonopole und Handelsprivilegien auf Grund ihrer Flottenstärke auf die italienischen Seestädte übergegangen, vor allem auf Pisa, Genua und Venedig. In derselben Ost-Westorientierung waren die Fernverkehrswege des Handels im Norden verlaufen. Beide Wirtschaftsachsen waren durch die großen Wasser- und Kontinentalstraßen quer durch Europa miteinander verbunden worden. Bis zum Ende des 15. Jahrhunderts blieb der europäische Binnenhandel um diese beiden Achsen gruppiert. Das zusammenhängende und eingespielte Handelssystem Europas durfte sich bis in die zweite Hälfte des 15. Jahrhunderts als Welthandelssystem betrachten, zumindest — durch seine Verbindung mit den asiatischen und indischen Märkten — als das große Weltwirtschaftssystem im Westen, demgegenüber sich der großasiatische Raum befand; dazwischen spannte sich das Handelsnetz der damals bekannten Erde".

Als Etzlaub die Reichsstadt in den Mittelpunkt seiner beiden Straßenkarten gestellt hat, war Oberdeutschland Teil dieses weitverzweigten Welthandelssystems und Nürnberg sein geographisches Zentrum. Wichtige andere Handelsstädte lagen von hier aus nahezu gleichweit entfernt: Brüssel, Hamburg, Breslau, Wien, Venedig und Genf. Elf Fernstraßen trafen als Hauptrouten des Nürnberger Handels in der Stadt zusammen. Durch fünf Tore kamen sie herein und liefen durch diese wieder hinaus: durch das Neutor im Westen nach Frankfurt; durch das Tiergärtnertor im Norden nach Erfurt und Leipzig; durch das Laufertor im Osten nach Dresden, Prag und Brünn; durch das Frauentor im Süden nach Wien und Salzburg; durch das Spittlertor im Südwesten nach Augsburg, Ulm, Straßburg und Saarbrücken.

Dieser Straßenverlauf war durch die Stadtbefestigung fixiert worden, mit der sich beide Nürnberger Stadtteile im 14. und 15. Jahrhundert hinter einer gemeinsamen Mauer vereint hatten. Laufertor, Frauentor, Spittlertor und Neutor rückten auf der Linie der Ausfallstraßen bis zur neuen Ummauerung vor *(Abb. 18)*. Die Befestigung hat ihre Bestimmung, die Stadt vor Angriffen zu schützen, bis zum 18. Jahrhundert immer erfüllt. Sie legte zugleich den Stern der Nürnberger Straßen unverrückbar fest, die bis auf eine Ausnahme — die Straße nach Fürth — in ihren Grundzügen noch als Bundesstraßen weiterleben *(Abb. 19)*.

Die Bedeutung von Handelsstraßen war und blieb für Nürnberg nicht immer gleichrangig; aus wirtschaftlichen und politischen Gründen war sie Schwankungen unterworfen. Zieht man die kartographischen Quellen zu Rate, dann ist zu erkennen, daß es bei den Kartenmachern und den Autoren von Itineraren und Reisebüchern Unterschiede gibt. Man findet sowohl das Nebeneinander alternativer Routen als auch ein „Weglassen" aus mehreren Gründen; manchmal wegen der Quellen, die sie benutzten, manchmal — vor allem bei den Karten — aus Platzmagel; aber auch deshalb, weil diese Straßen Nürnberg nicht nur als Ausgangspunkt hatten, sondern ebenso als Ziel, und der Verkehr von „draußen" anderen Bedingungen unterliegen konnte.

Abb. 19 Nürnbergs Ausfallstraßen. ▷
Fünf Tore der Nürnberger Stadtbefestigung gaben den Fernstraßen Einlaß und Auslaß. Die Natur des Umlandes, Flußübergänge, Städte und Dörfer als Stationen und letztendlich das angestrebte Ziel bestimmten jenseits der Mauern ihre Spur, deren Verlauf durch vielfältige kartographische Quellen und andere Zeugnisse überliefert ist. Durch das Neutor (1) zog die Straße nach Frankfurt, vorbei an St. Johannis nach Schniegling und Doos, dort über die Pegnitzbrücke nach Fürth, wo westwärts eine weitere Brücke über die Rednitz führte, um zielstrebig die erste Mainüberquerung bei Kitzingen zu erreichen.
Nordwärts führte die Straße nach Erfurt und Leipzig durch das Tiergärtnertor (2) über Thon, Buch und Tennenlohe nach Erlangen, dort entlang der Regnitz nach Bamberg und schließlich nach Coburg, wo der Aufstieg zu den Pässen des Thüringer Waldes begann.
Zwei Fernstraßen verließen Nürnberg durch das Laufertor (3): die eine nordostwärts durch das Vogtland nach Dresden, die andere in östlicher Richtung, um Pilsen und Prag zu erreichen. Die erste Route nahm ihren Weg durch den Sebalder Wald auf die „Hohe Heide" und nach Heroldsberg, um dann über das Bergmassiv der nördlichen Frankenalb Richtung auf Bayreuth zu nehmen. Die zweite lief am Siechenkobel St. Jobst vorbei auf den nördlichen Talterrassen der Pegnitz über Erlenstegen nach Lauf und über Sulzbach zu den Paßhöhen des Böhmer Waldes.
Durch das Frauentor (4) liefen zwei Straßen nach Südosten; beide durchquerten den Lorenzer Wald, um zur Donau zu gelangen. Zur Siechenkobelkapelle St. Peter und Paul strebte die erste, blieb dann östlich der großen Teiche und Weiher, den jetzigen Dutzendteichen, um nach der Überschreitung des Fischbachs in Altenfurt nach Feucht und über den Fränkischen Jura nach

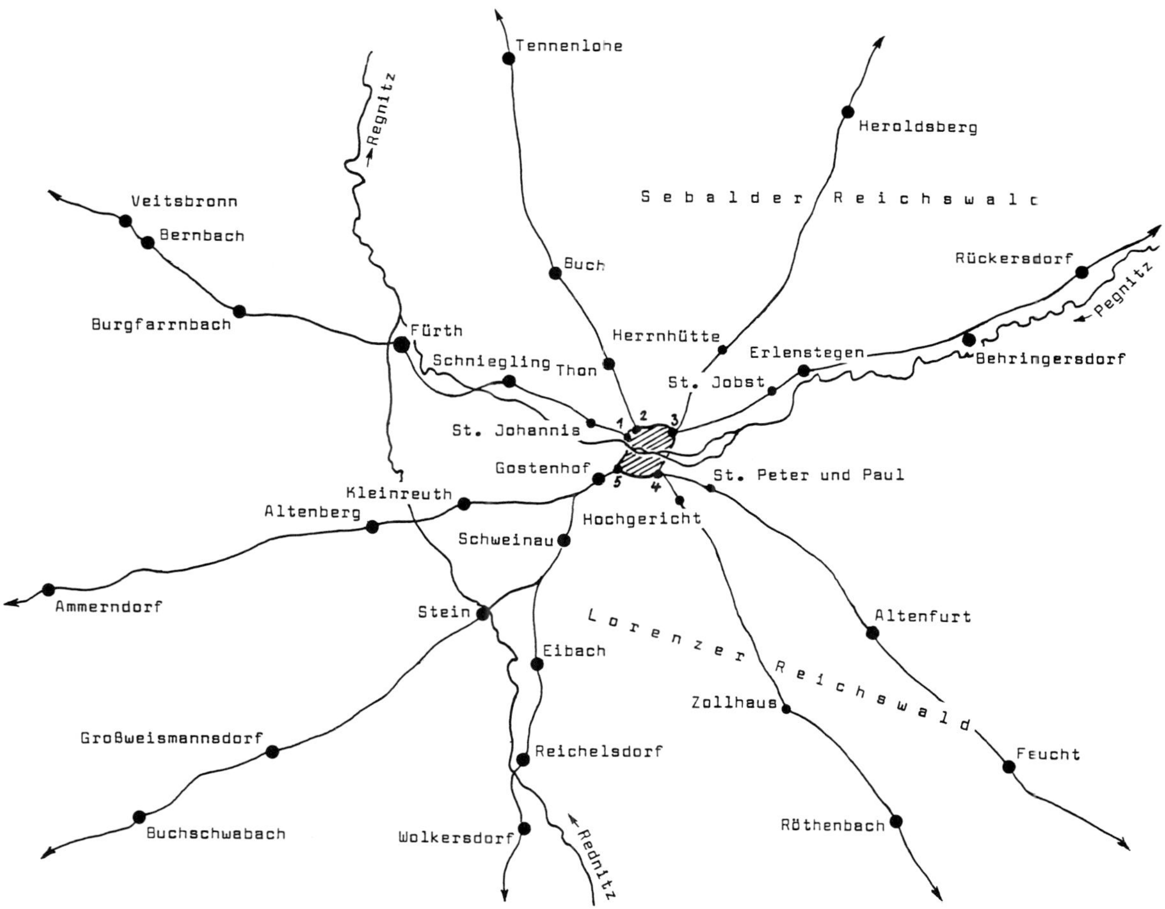

Regensburg zu kommen. Die zweite Fernstraße hatte den Donauübergang Neustadt a. d. D. als Ziel. Ihre Trasse lief an einer Richtstätte, dem „Hochgericht" vorbei, das dem „Galgenhof" den Namen gegeben hat, blieb nun westlich der Weiher und Teiche und zog über Allersberg weiter zum Frankenjura und zur Donau.

Die Fernstraßen nach Süden und Südwesten hatten zunächst nach dem Spittlertor (5) bis Gostenhof die gleiche Spur, teilten sich dann jedoch in zwei Stränge. Der erste ging südlich nach Schweinau und nahm über Reichelsdorf und nach Überquerung der Rednitz seine Richtung auf Schwabach, wo die Straße sich wiederum gabelte, um auf einer Trasse Augsburg, auf der anderen Ulm zu erreichen. Eine weitere Gabelung bog schon hinter Schweinau nach Südwesten ab, um die Rednitz auf der Brücke in Stein zu überqueren; sie hatte Ansbach als nahes und Straßburg über Jagst, Kocher und Neckar als ferneres Ziel. Der zweite Strang hinter Gostenhof lief annähernd nach Westen über Kleinreuth zum Rednitzübergang nach Altenberg und Großhabersdorf und strebte über die Frankenhöhe und die Hohenloher Ebene zum Rhein und weiter nach Saarbrücken.

Das Schrifttum über den Nürnberger Handel ist umfangreich. In dem Textband „Nürnberg — Geschichte einer europäischen Stadt“ sind in den sechs wirtschaftswissenschaftlichen Beiträgen als „knappe Auswahl“ weit über 200 Veröffentlichungen im Literaturverzeichnis angeführt. Den Grundstock der Publikationen bilden Urkunden, Rechts-, Satzungs- und Briefbücher der Reichsstadt, aber ebenso Handelsbücher, Rechnungsbücher, Geschäftsbriefe, Reiseberichte und andere Aufzeichnungen Nürnberger Handelshäuser und einzelner Kaufherren. Die überaus zahlreichen Details der überlieferten Archivalien und ihre Auswertungen haben auch der Straßenforschung wertvolle Hinweise für den mittelalterlichen und frühneuzeitlichen Handelsverkehr geliefert.

Spärlich hingegen sind Nachrichten über die Verkehrsdichte der Nürnberger Straßen. Zwar gibt es Urkunden über Zolleinnahmen und Geleitsgelder und andere Belege, die Hinweise auf die Höhe des Straßenverkehrs geben. Sie bleiben aber auf Einzelfälle, einzelne Jahre und einzelne Geleitsgebiete beschränkt. Somit war und ist die Erkundung der Nürnberger Handelsstraßen auf andere Kriterien angewiesen. Das sind vor allem die auf historischen und topographischen Überlegungen beruhenden Erkenntnisse über den Trassenverlauf, die kartographischen Aufzeichnungen der Etappenorte und Straßenverbindungen und nicht zuletzt die Bedeutung von Handelsplätzen und Messestädten als Ziele des Nürnberger Handels, die sich aus den oben genannten Archivalien erschließen lassen. Diese verschiedenartigen Quellen haben es möglich gemacht, ein Straßennetz des Nürnberger Handelsverkehrs zu rekonstruieren, wobei für den Zeitraum von mehreren Jahrhunderten einzelne Strekken verständlicherweise nicht immer konstant geblieben sind *(Abb. 20)*.

Die Straße nach Frankfurt

Die Frankfurter Messen zählten im 14. und 15. Jahrhundert zu den bedeutendsten in Mitteleuropa. Sie waren auch der große Umschlagplatz des Nürnberger Handels, denn in der Messestadt trafen Kaufleute aus „aller Welt“ zusammen und tauschten dort ihre Waren. Ein „Einkaufsbüchlein“ des Lübecker Großkaufmanns Mulich zeigt deren Auswahl auf der Frankfurter Fastenmesse des Jahres 1495 mit guter Anschaulichkeit: Samt und Damaste aus Mailand, Genua und Florenz, Barchent aus Ulm und Augsburg, Leinwand aus Konstanz und St. Gallen, Gebrauchswaren und Schmuck aus Oberdeutschland und Italien, Gewürze aus dem Orient.

Auch englische und niederländische Tuche wurden von den Nürnberger Kaufleuten in Frankfurt erworben und nach Venedig und Wien, nach Krakau, Prag und Breslau befördert. Von einer im Herbst 1446 nach Nürnberg heimkehrenden Messekarawane wird berichtet, daß sie aus 51 berittenen Kaufherren und 67 zwei- und vierspännigen Frachtwagen mit Fuhrleuten und Knechten bestand.

Abb. 20 Die Hauptrouten des Nürnberger Handels. In Nürnberg kreuzten sich seit dem Spätmittelalter bedeutende Fernstraßen Europas, hier trafen wichtige Verbindungen anderer Handelsstädte zusammen. Durch sie war die Reichsstadt mit Frankreich und den Niederlanden, mit der Nord- und Ostsee, mit Polen und Rußland, mit Schlesien, Böhmen und den Donauländern, mit der Schweiz und mit Italien eng verknüpft. ▷

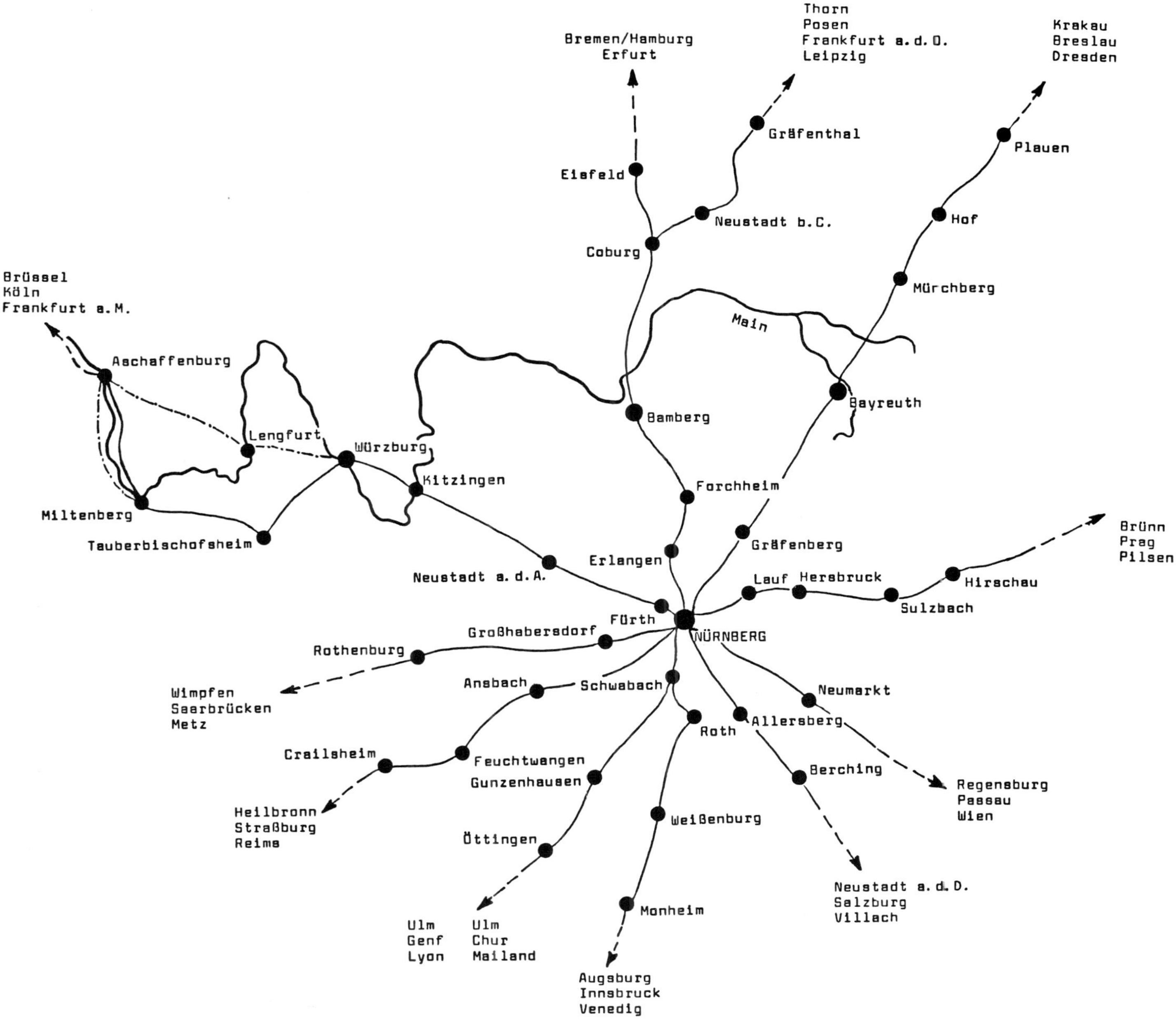

Bremen/Hamburg
Erfurt
Thorn
Posen
Frankfurt a.d.O.
Leipzig
Krakau
Breslau
Dresden
Gräfenthal
Plauen
Eisfeld
Neustadt b.C.
Hof
Coburg
Mürchberg
Brüssel
Köln
Frankfurt a.M.
Main
Aschaffenburg
Bayreuth
Bamberg
Lengfurt
Würzburg
Kitzingen
Forchheim
Miltenberg
Tauberbischofsheim
Gräfenberg
Brünn
Prag
Pilsen
Erlangen
Neustadt a.d.A.
Lauf
Hersbruck
Hirschau
Sulzbach
Fürth
Großhabersdorf
NÜRNBERG
Rothenburg
Wimpfen
Saarbrücken
Metz
Ansbach
Schwabach
Neumarkt
Roth
Allersberg
Crailsheim
Feuchtwangen
Gunzenhausen
Berching
Regensburg
Passau
Wien
Heilbronn
Straßburg
Reims
Weißenburg
Öttingen
Neustadt a.d.D.
Salzburg
Villach
Monheim
Ulm
Genf
Lyon
Ulm
Chur
Mailand
Augsburg
Innsbruck
Venedig

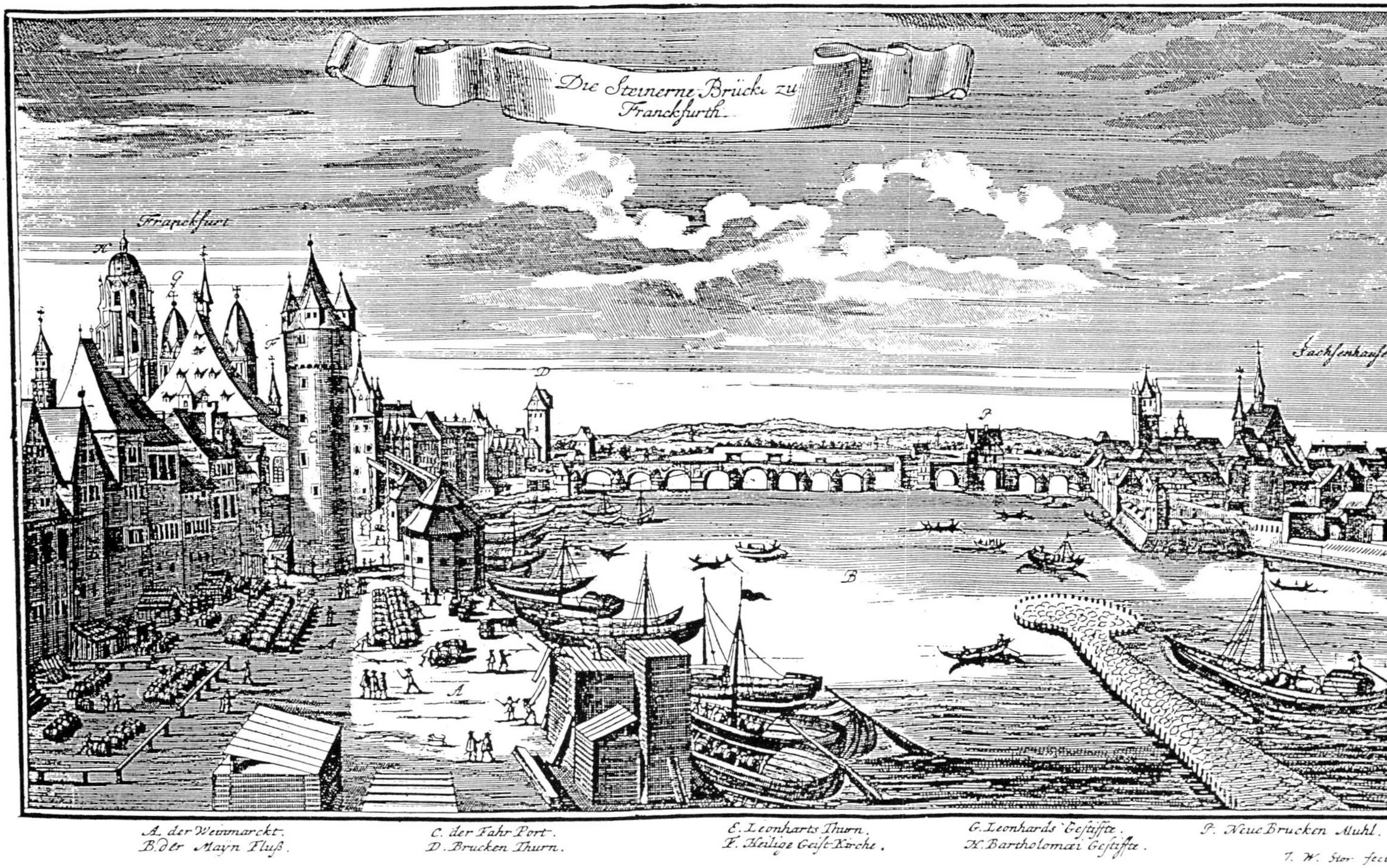

Abb. 21 Frankfurt am Main. Kupferstich von J. W. Stör aus „Historischer Schauplatz . . ." von C. Chr. Schramm (1735). Der Aufstieg Frankfurts von der karolingischen Pfalz zur Reichsstadt des 13. Jahrhunderts und zur Handelsmetropole mit ihren großen Warenmessen ist von der Gunst der geographischen Lage mitbestimmt worden. Frankfurt hat sich im Spätmittelalter zur führenden Messestadt im Westen Deutschlands entwickelt und war damit auch für den Nürnberger Handel von herausragender Bedeutung. Der Stich zeigt den Mainhafen mit der großen Brücke, deren Erbauung bereits 1222 nachgewiesen ist. Sie hat Frankfurt über drei Fernstraßen mit Nürnberg, Ulm und Saarbrücken verbunden. Durch drei Haupttore im Westen, Osten und Norden der Ummauerung liefen weitere Fernstraßen aus der Stadt: über Mainz und Koblenz nach Köln; über Fulda nach Erfurt; über Friedberg nach Marburg und Siegen. Diese Orte boten Anschluß an weitgesteckte Fernziele und somit die Voraussetzung, daß die Frankfurter Messen mit Waren aus aller Herren Länder beschickt wurden.

Für die Straßenverbindung zwischen Frankfurt und Nürnberg gibt uns das erwähnte Brügger Itinerar eine erste Beschreibung. Es nennt zunächst Frankfurt, Seligenstadt und Aschaffenburg und von dort aus zwei Straßen — eine über Würzburg, die andere über Tauberbischofsheim —, die sich vor Nürnberg in Langenzenn wieder treffen; ihre Weiterführung wird vom Autor aber nur nach Böhmen über Lauf und Hersbruck geschildert. Den Anschluß nach Südosten bringt Etzlaubs Landstraßenkarte, die im übrigen von Nürnberg nach Frankfurt die Route Windsheim — Tauberbischofsheim — Miltenberg darstellt. In Jörg Gails Reisebüchlein wird die alte Direktverbindung von Würzburg nach Aschaffenburg durch den Spessart genannt. Hinzu tritt eine weitere Verbindung in der „Oberdeutschen Itinerarrolle" eines Kaufmannes aus der Zeit um 1520, die von Würzburg über Tauberbischofsheim und Miltenberg einen Umweg machte, um nach Aschaffenburg zu gelangen. Sie war, trotz des Umweges, die Hauptroute des Nürnberger Handels nach Frankfurt *(Abb. 21)*.

Die Ursache für die Benutzung eines längeren Straßenzuges war eindeutig. Sie lag in einer von Kurmainz und Würzburg bestimmten Linienführung, die seit 1422 den Messekarawanen in einer Nürnberger Geleitsordnung in sechs Tagesreisen mit den Rastorten vorgeschrieben wurde. Dieser Straßenzwang ist außerhalb der Messezeiten durch Befahren der kürzeren Spessartroute oder der Direktverbindung über Windsheim, Aub und Tauberbischofsheim wohl häufig mißachtet worden.

Für die letztgenannte Route ist eine Beschreibung des Miltenbergers Johannes Butzbach überliefert, der in seiner „Chronika eines fahrenden Schülers" einen Fußmarsch von seiner Heimatstadt nach Nürnberg über Külsheim, Tauberbischofsheim und Windsheim beschreibt. Sicher hat die Strecke auch für den Handelsverkehr eine Rolle gespielt, wohl nicht zuletzt deshalb, weil ihre Routenführung die Mainüberquerungen von Kissingen und Würzburg und damit die Brückenzölle vermied.

Der Spessart galt zwar von alters her als eine „lautere Wildnis", und es mangelt nicht an Berichten über den schlechten Zustand der Straße zwischen Würzburg und Aschaffenburg und über Gefahren durch Diebe und Wegelagerer. Trotzdem ist sie immer benutzt worden, seit 1615 diente sie auch der Taxis-Post als Teilstrecke der großen Postlinie von Prag nach Brüssel. Als die Spessartstraße am Ende des 18. Jahrhunderts schließlich zur Chaussee ausgebaut wurde, bekam sie neuen Auftrieb und blieb bis heute als Bundesstraße erhalten, wenn auch in Teilstrecken auf anderen Trassen.

Die Hauptroute des Nürnberger Handels war aber jene über Würzburg, Tauberbischofsheim und Miltenberg. Sie ging von Nürnberg über Fürth nach Burgfarrnbach, hat hierzu bis in das 19. Jahrhundert den Ausgang des Neutors benutzt und die Pegnitz auf der Dooser Brücke überschritten. Weiter nahm sie ihren Weg über Bernbach, Pirkach und Emskirchen nach Neustadt a. d. Aisch, dessen mächtiges „Nürnberger Tor" des 15. Jahrhunderts an die Glanzzeit der Stadt und der Handelsstraße erinnert, die über Langenfeld, Bibart, Einersheim und Mainbernheim zur ersten Mainüberquerung auf der Brücke von Kitzingen lief. Dort veranschaulichen Markt und Marktturm noch heute den innerstädtischen Verlauf der Straße, die über Biebelried schließlich Würzburg erreichte, das durch ein früheres Osttor Einlaß gewährte und den Verkehr zum jetzigen Kiliansplatz, durch die Domstraße und zur Mainbrücke leitete.

Die Nürnberger Geleitsordnung schrieb zwischen Würzburg und Frankfurt die Rastorte Tauberbischofsheim, Miltenberg und Aschaffenburg vor, die sechs, dreieinhalb und vier Meilen auf der Geleitsstraße auseinanderlagen. Diese lief nach Überquerung des Mains auf der Würzburger Steinbrücke über Kist, Gerchsheim und Großrinderfeld nach Tauberbischofsheim, bog dann nach Nordwesten ab und zog über Külsheim, Hundheim und Neunkirchen nach Miltenberg. Aschaffenburg wurde auf der rechten Talterrasse des Mains erreicht, es gab aber seit alters her auch eine Trasse auf der westlichen Seite des Flusses.

Die Spessartstraße lief nördlich des Marienberges über Hettstadt nach Roßbrunn und Remlingen zum Mainübergang bei Lengfurt, der bis in das 19. Jahrhundert mit Fähren bewerkstelligt werden mußte. Hinter der Furt folgte dann die beschwerliche Spessartüberquerung über Esselbach, Rohrbrunn und Straßbessenbach. Hierbei mußte ein Höhenunterschied von 400 Metern auf „sechs gemein deutsch Meiln“, also etwa 45 Kilometer Gesamtlänge überwunden werden, bis man in Aschaffenburg ankam.

Die kurmainzische Stadt und zeitweilige Residenz der Mainzer Erzbischöfe war nach 1373 mit einer Ummauerung aller Vorstädte versehen worden. Der Mauerring ist nur noch in Resten erhalten, wie der Unterbau des „Sandtores“ im Osten, das mit dem Markt am Stift und dem Rathaus den Straßenzug zur alten Steinbrücke bestimmt hat.

Für den weiteren Verlauf der Straße nach Frankfurt nennen Karten und Itinerare übereinstimmend die Orte Stockstadt und Seligenstadt; es war also eine erneute Mainüberquerung nötig. Doch gab es daneben eine rechtsmainische Route, die über Dettingen und Hanau lief und auch von der Taxis-Post benutzt wurde.

An dieser Stelle muß noch einmal des Schiffstransportes der Massengüter von Bamberg nach Frankfurt gedacht werden *(Abb. 22)*. Hierzu zählten, wie schon berichtet wurde, vor allem Metalle, Holz, Getreide und Wein, aber auch Papier und Wachs in größeren Mengen. 1532 haben die Ratsverordneten von Nürnberg, Sigmund Fürer, Endres Imhoff und Martin Pfinzing, eine Schätzung des Nürnberger Schiffsverkehrs vorgenommen. Nach ihren Angaben sind in diesem Jahr zwischen Bamberg und Frankfurt in beiden Richtungen 30 000 Zentner Schwergut befördert worden, ein Drittel von Bamberg flußabwärts, zwei Drittel von Frankfurt den Main aufwärts. Im ersten Fall konnte das durch die Strömung und mit breiten Segeln ohne Schwierigkeiten geschehen. Stromauf hingegen mußten „Leinenreiter“ die Lastkähne ein- oder mehrspännig von den „Treidelwegen“ aus am Ufer ziehen, wozu ein Zugseil am Vordermast befestigt war. Es wird berichtet, daß auch die Leinenreiter über die Spessartstraße heimwärts geritten sind.

Natürlich war Frankfurt für die Nürnberger Kaufleute nicht immer das Endziel. Von dort zog die Fernhandelsstraße über Mainz und Koblenz — mit denen Nürnberg 1264 wechselseitige Zollfreiheiten vereinbart hatte — nach Köln oder über Aachen und Maastricht nach Brügge. In Köln besaßen Kaufherren aus Nürnberg seit 1335 Niederlas-

Abb. 22 Der Bamberger Regnitzhafen.
Am Kai des Bamberger Regnitzhafens legen heute nur noch Ausflugsschiffe an. Im Spätmittelalter und bis in das 17. Jahrhundert war er jedoch ein wichtiger Landeplatz für den Nürnberger Handel zum Umschlag der Massengüter zwischen Bamberg und Frankfurt. Sowohl flußabwärts wurden sie auf großen Lastkähnen weiterbefördert als auch flußauf mit Pferdegespannen vom Land her „getreidelt". Trotz günstiger Bedingungen hat der dortige Schiffsverkehr — nicht zuletzt wegen der hohen Mainzölle — dem Transport auf der Frankfurter Straße aber keinen entscheidenden Abbruch getan.

sungen für den Gewürzhandel, später solche für Textilien und für Haushaltswaren. Aachen war wegen seiner Tuchfabrikation und der Kieselzinkerze und Zinkspate zur Messingherstellung von Interesse. Brügge ist durch seine Lage an dem später versandeten Meerbusen eine der bedeutendsten Handelsstädte des nördlichen Europas gewesen, bis es im 16. Jahrhundert von Antwerpen als Hafenstadt abgelöst wurde. In beiden Orten besaß Nürnberg Zollprivilegien, es wurden dort auch Geschäfte mit englischen Kaufleuten wegen der begehrten Wolle getätigt. Seit der Mitte des 16. Jahrhunderts florierten in Antwerpen geschäftliche Verbindungen durch Handel mit Metallen, Eisen- und Messingwaren und durch Importe im Tuch- und Gewürzgeschäft. So war die Nürnberg — Frankfurter — Straße lange Zeit eine Fernroute von hohem Rang, da sie die Reichsstadt über Frankfurt hinaus mit dem Niederrhein, mit Flandern und über den Kanal hinweg mit England verband.

Die Straße nach Regensburg

Seit dem Bau der Donaubrücke von Regensburg im Jahre 1146 hat sich diese Straße unter Einschaltung von Nürnberg zur großen West-Ost-Achse nach Wien und Budapest und zum Fernziel Konstantinopel entwickelt. Aus dem griechischen Byzanz hervorgegangen, stand diese Stadt in Partnerschaft mit Kaufleuten der westlichen Länder. Wien und Regensburg waren Vermittler der Waren nach Italien und Frankreich, nach Deutschland, Böhmen und Rußland *(Abb. 23)*. In beiden Städten fiel die eigene Produktion gegenüber dem Transithandel nicht ins Gewicht. Regensburg erlebte seine Hochblüte deshalb im ausgehenden Mittelalter, die Handelshäuser und Patriziertürme der Altstadt legen davon noch Zeugnis ab. Erst die Verlagerung des Fernhandels über Venedig und Augsburg nahm der Stadt ihren hohen Rang, den sie im 16. Jahrhundert endgültig verlor.

Als Verbindung nach Wien und Budapest hatte die Straße für Nürnberg weiterhin Bedeutung, wenn auch — wie schon zuvor — immer in Konkurrenz zum Schiffstransport auf der Donau. Rinder und Mastschweine kamen aus Ungarn in großer Zahl, aber immer auf der Straße donauaufwärts. Sie wurden jedoch nicht alle bis Regensburg getrieben, sondern zum Teil auf der „Ochsenstraße" über Eggmühl und Abensberg zu den Donauübergängen Neustadt und Neuburg. Um 1500 sollen es jährlich bis zu 70 000 Rinder und 15 000 Schweine gewesen sein, die in Mittel- und Westeuropa Absatz fanden.

Regensburg blieb noch Umschlagplatz für den Donauhandel nach Linz und Wien. Auch Linz, seit 1246 Hauptstadt des Landes „ober der Enns", besaß mit seinen aufblühenden Märkten eine Vorrangstellung für Nürnberg; dort wurden Textilien und Gewürze gegen Metallwaren eingehandelt. Wien war 1156 zur Residenz des Herzogtums Österreich aufgestiegen. Als Messestadt behauptete es seinen Platz für den Handel und als Zwischenstation nach Ungarn, wenn sein Privileg als Stapelplatz auch 1515 verloren ging.

Die Straße nach Regensburg hat die Zeiten überdauert. Als Bundesstraße 8 verbindet sie noch immer Köln mit Passau, wenngleich nicht ständig auf der alten Trasse. Zumeist sind es aber die gleichen Etappenorte, die wir den Quellen des 15. bis

18. Jahrhunderts entnehmen. Nürnberg wurde durch das Frauentor verlassen; dann zog die Straße durch den Lorenzer Reichswald über Altenfurt, Feucht und Ochenbruck nach Oberferrieden. Weiter südwärts lief sie über Postbauer nach Neumarkt, das als Stadt 1235 erstmals urkundlich erwähnt wird, und stieg nun zum Fränkischen Jura hinauf. Auf dessen Höhenzügen ging es weiter nach Deining, wo die Straße die Weiße Laaber überschritt und sich in zwei Routen spaltete: in eine über Parsberg und Laaber nach Etterzhausen, in eine andere über Hemau zum gleichen Ort und dann nach Regensburg.

Die heutige Bundesstraße führt über Hemau, und wen es als Autofahrer nicht an Zeit mangelt und wen es nicht über die Autobahn treibt, dem sei diese Route empfohlen. Gehört sie doch beispielhaft zu jenen, die uns erkennen lassen, wie alte Straßen in die Landschaft hineingewachsen sind und noch nicht am Reißbrett konstruiert wurden.

Abb. 23 Regensburg. Holzschnitt aus der „Weltchronik" von Hartmann Schedel (1493).
Der Beschreibung von „Ratisbona" hat Hartman Schedel in seiner „Weltchronik", wie bei mehr als hundert anderen Orten, einen Holzschnitt beigefügt. Mit der Darstellung Regensburgs erreicht er zwar noch nicht die topographische Genauigkeit der späteren Stiche Merians, sie ist aber bereits eine Stadtansicht, der sich interessierende Details entnehmen lassen. Der Blick geht vom Nordufer der Donau nach Süden und zeigt in der Mitte die „Steinerne Brücke", mit der die Vorstadt und die mauerumgürtete Domstadt verbunden sind. Am Dom St. Peter, um 1250 begonnen, wird noch gebaut: daneben ist St. Ulrich (links) zu sehen, im Westen (rechts) die Klosterkirche Heilig Kreuz; auch die Geschlechtertürme der Patrizier fehlen nicht. Über die große Donaubrücke erreichte die Fernstraße aus Nürnberg die Stadt, die sie durch ein Osttor, das links dargestellt ist, in Richtung Wien wieder verließ. Von Norden kamen auch die Straßen aus Dresden und Prag; durch das Südtor wurde München über Landshut erreicht, durch das Westtor Augsburg über Neustadt a. d. Donau.

Abb. 24 Fuhrmannsgasthof in Buch. Kupferstich von J. A. Boener (1710).
Der Kupferstich illustriert eine letzte Rast der von Leipzig kommenden Kaufleute in „Richters Fuhrmannsgasthof" in Buch. Dort wurde, wie uns Boener zeigt, auch noch ein guter Schluck aus der Weinkanne genommen.

Die Straßen nach Erfurt und Leipzig

Nach den kartographischen Quellen hat es seit dem 16. Jahrhundert zu beiden Handelsstädten mehrere Fernstraßen gegeben, die auf ältere Wegeverbindungen zurückgehen. Die zunächst bedeutendste war jene nach Erfurt auf der Linie einer frühmittelalterlichen „via regia"; auch der 742 urkundlich genannte Name „Erphesfurt" dokumentiert die frühe Nutzung einer dortigen Furt. Seit dem Hochmittelalter war Erfurt ein Kreuzungspunkt verkehrsgünstiger Handelsstraßen. Hier trafen sich die von Bremen, Lübeck, Rostock und Stettin herkommenden Nord-Süd-Routen und die große West-Ost-Fernstraße, die von Brügge und Köln nach Breslau und bis nach Kiew lief. Als zentraler Stapel- und Handelsplatz des thüringischen Beckens läßt sich Erfurt mit Nürnberg vergleichen. Schon im 14. Jahrhundert besaß die Stadt durch ihren Waidhandel und durch die Erzeugnisse ihrer Tuchmanufakturen und Gerbereien einen guten Ruf. Mit Nürnberg waren die Verbindungen seit dem 15. Jahrhundert sehr eng; Nürnberger Kaufleute genossen das Vorrecht, für ihre Waren, die sie dort niederlegten, nur das halbe Geleitsgeld zahlen zu müssen.

Nach dem Aufstieg Leipzigs ging die Bedeutung der thüringischen Handelsmetropole im 16. Jahrhundert allmählich zurück. Die um 1015 als „urbs Libzi“ erwähnte sächsische Stadt besaß schon 1268 einen weitreichenden Einfluß durch seine Märkte, der sich erheblich verstärkte, als sie durch kaiserliche Privilegien 1497 zu „Reichsmessen“ erhoben wurden *(Abb. 25)*. Nun kam es auch zu engen Beziehungen mit Nürnberger Handelshäusern und zu Auswirkungen auf den Straßenverkehr. Die Kaufleute zogen nicht mehr überwiegend über Erfurt, wenn sie auch nach Leipzig wollten, sondern auf kürzeren Routen über Bamberg — Coburg — Gräfenthal — Saalfeld — Naumburg oder über Bayreuth — Hof — Plauen — Zwickau. Obwohl die letztgenannte Strecke noch kürzer war als die Coburger Straße, wurde diese von Nürnbergs Kaufleuten lange Zeit bevorzugt. Wie in ähnlichen anderen Fällen ging diese Gewohnheit auf besondere Abmachungen zurück. Hier geschah das durch die Kurfürsten von Sachsen als damalige Coburger Landesherren, die den Nürnbergern die Geleitsgebühren für die Messen in Naumburg und Leipzig erließen. Daß sie das taten, ist leicht zu erklären: die Kurfürsten wollten erreichen, daß die Handelszüge eine möglichst lange Strecke durch ihr eigenes Territorium fuhren, um Geld ins Land zu bringen. Das aber war bei der Coburger Straße der Fall, weil die Landesgrenze damals bei Gleußen südlich von Coburg lag, während sie mit der Bayreuther Straße erst zwischen Hof und Plauen erreicht wurde.

Wie sehr den dortigen Landesherren an der Benutzung dieser Route gelegen hat, unterstreicht ein Schreiben des Ratsherrn Hanns Tetzel an den Kurfürsten Friedrich von Sachsen, das im 7. Briefbuch der Reichsstadt verwahrt wird. Dem Text des Briefes ist zu entnehmen, daß der Kurfürst den Rat der Stadt ersucht hatte, auf die Kaufleute einzuwirken, die Straße über Gräfenthal zu benutzen und nicht eine andere.
Über die — schon von Etzlaub gezeichnete — Erfurter Straße sind wir durch Karten und Itinerare gut unterrichtet. Sie verließ Nürnberg durch das Tiergärtnertor und lief über Buch *(Abb. 24)*, Tennenlohe, Erlangen, Baiersdorf, Forchheim und Hirschaid nach Bamberg. Die Bischofsstadt — und vor ihr Hallstadt — ist seit dem Frühmittelalter ein wichtiger Knotenpunkt für den Verkehr gewesen. Das blieb Bamberg auch weiterhin, zumal es sich zum Umschlagplatz für den Schiffsverkehr auf dem Main entwickelt hatte.

Um in die Stadt zu gelangen, mußte der rechte Regnitzarm auf einer Brücke überschritten werden. Die Schiffslände befand sich unweit des Marktes am linken Regnitzarm. Wer von Bamberg nach Norden weiter wollte, überquerte wieder den rechten Flußarm und erreichte über Hallstadt und Breitengüßbach eine Mainfurt bei dem abgegangenen Ort Bigen. Noch am Ende des 18. Jahrhunderts gab es trotz des starken Verkehrs auf dieser Straße dort keine Brücke, wie Johann Kaspar Bundschuh in seinem Buch „Geographisches statistisch-topographisches Lexikon von Franken“ berichtet: „Nahe an Güßbach ist eine Ueberfahrt über den Main, dessen sich alle auf der Landstraße nach Coburg Reisenden bedienen müssen. Mit dem Rechte überzufahren ist eine Gesellschaft Hallstadter Amtsuntertanen vom Michelsbergischen Amte Rattelsdorf belehnt“.

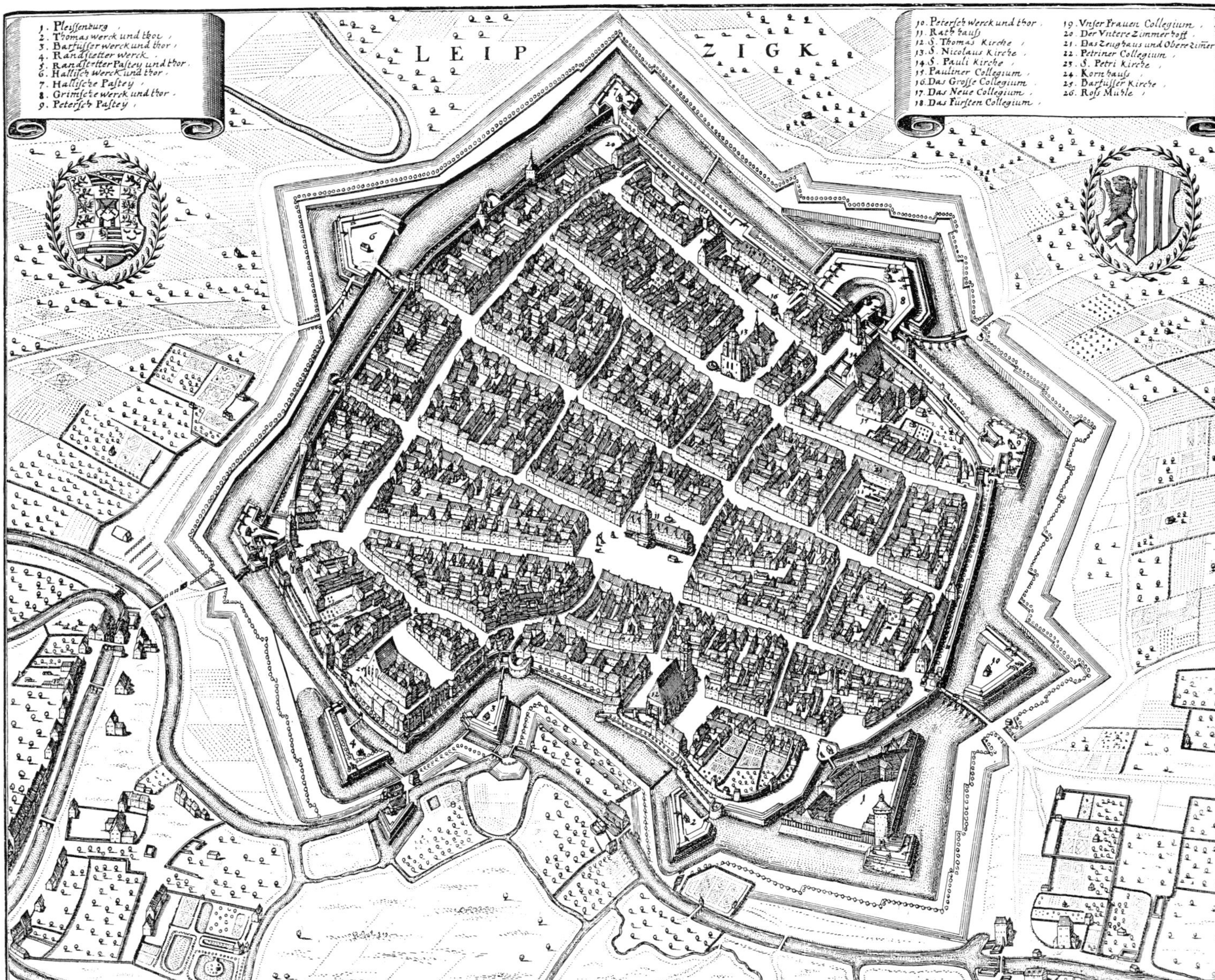
LEIP ZIGK
1. Pleissenburg,
2. Thomaswerck und thor,
3. Barfusser werck und thor,
4. Randstetter werck.
5. Randstetter Pastey und thor.
6. Hallisch werck und thor.
7. Hallische Pastey.
8. Grimsche werck und thor.
9. Petersch Pastey,
10. Petersch werck und thor.
11. Rathhauss
12. S. Thomas Kirche,
13. S. Nicolaus Kirche.
14. S. Pauli Kirche,
15. Pauliner Collegium,
16. Das Grosse Collegium.
17. Das Neue Collegium,
18. Das Fürsten Collegium,
19. Vnser Frauen Collegium,
20. Der Vntere Zimmerhoff.
21. Das Zeughaus und Obere Zimerh
22. Petriner Collegium,
23. S. Petri Kirche,
24. Kornhauss,
25. Barfusser Kirche,
26. Ross Mühle,

Abb. 25 Leipzig. Kupferstich von Matthäus Merian aus der „Topographia Saxoniae, Thuringiae, Misniae Lusatiae" (1650). Die „urbs Libzi" (1015 erstmals genannt) lag an einer „via regia", die am Nordrand der Mittelgebirge lief. Auch Leipzig war ein Knotenpunkt weiterer Straßen, die den Aufstieg der Stadt begünstigten, der mit der Erhebung der Oster- und Michaelismärkte zu „Reichsmessen" durch Kaiser Maximilian I. im Jahre 1497 einen ersten Höhepunkt erlebte. Der Kupferstich entspricht mit seiner Vogelperspektive der Darstellung Nürnbergs. Auch für Leipzig werden Stadtmauer und Vorwerke zum Schutz der reichen Messestadt plastisch vor Augen geführt, aber ebenso die Plätze und Gassen mit den Häuserblocks, die Kirchen und öffentlichen Gebäude. Trotz einer Verkleinerung bei der Reproduktion ist in der Stadtmitte der große Marktplatz mit der breiten Front des nach 1556 erbauten Rathauses unübersehbar. Von den sieben Stadttoren waren vier für den Fernhandel von Bedeutung: das Ranstädter Tor (links) nach Erfurt und über Naumburg nach Nürnberg; das Hallische Tor (oben links) nach Magdeburg über Halle und nach Hamburg und zur Ostsee; das Grimmaische Tor (oben rechts) nach Frankfurt a. d. Oder, nach Dresden und Breslau; das Peterstor (unten rechts) über Chemnitz nach Prag und über Zwickau nach Nürnberg.

Auch die weitere Routenführung ist durch schriftliche Überlieferungen und Erkundungen der Forschung gut festzulegen. In kurzen Einzeletappen läßt sie sich auf den östlichen Talterrassen der Itz über Rattelsdorf, Lahm, Kaltenbrunn, Gleußen, Rossach und Creidlitz bis Coburg verfolgen.

Coburg hatte sich unter den fränkischen Grafen von Henneberg schon seit dem 13. Jahrhundert zum Zentrum seines Umlandes entwickelt; durch die Fernstraße wurde es eine wichtige Raststation vor der Überquerung des Thüringer Waldes *(Abb. 26)*. Die Straße stieg nach dem Itzübergang bei Coburg über die Langen Berge nach Eisfeld und zum Rennsteig und zog am Nordhang des Gebirges hinunter nach Gehren. Eine zweite Trasse führte über Engenstein und Frauenwald, um dann wieder gemeinsam mit der anderen über Ilmenau und Arnstadt nach Erfurt zu gelangen.

In Richtung Norden war Lübeck das Ziel unserer Fernstraße. In der Hansestadt am schiffbaren Unterlauf der Trave besaß Nürnberg schon seit der Stauferzeit das Privileg der Zollfreiheit, das Kaiser Ludwig der Bayer 1332 bestätigte. Die Route nach Lübeck ist seit Etzlaubs Straßenkarten geläufig; sie lief nach Überschreitung des Harzes über Wernigerode, Wolfenbüttel, Celle und Lüneburg.

In Coburg zweigte auch der Straßenzug nach Leipzig ab. Er ging auf den nördlichen Talterrassen der Röden über Oeslau und Neustadt nach Hüttensteinach, wo der Aufstieg nach Judenbach und zum Sattelpaß begann. Danach wurde der Kamm des Thüringer Waldes überschritten, bis man jenseits des Rennsteigs Gräfenthal erreichte, um über Saalfeld und Naumburg nach Leipzig zu gelangen.

Für den Nürnberger Handel nahmen die Erfur-

Abb. 26 Das Spitaltor in Coburg.
Das erhaltene und baulich mehrfach ergänzte Tor stammt im Kern aus dem Anfang des 13. Jahrhunderts und gehörte zum ältesten Mauerring der Stadt. Es ist nach dem vor der Mauer gelegenen St. Georgs-Spital benannt und war während der Blütezeit des Nürnberger Handels das nördliche Tor, durch das ungezählte Fuhrwerke und Kaufmannskarawanen nach Erfurt, zu den Messen in Naumburg und Leipzig und von diesen Städten weiter bis zur Nord- und Ostsee zogen.

ter und die Leipziger Straße lange Zeit einen hohen Rang ein, da sie gute Verbindungen in die Ostseegebiete, zum preußischen Ordensland und nach Polen boten. Über Lübeck haben Nürnberger Kaufleute an der Ostsee Fuß gefaßt und konnten ihre Geschäfte bis nach Skandinavien und in die Baltischen Länder ausdehnen. Als der Atlantikhandel anwuchs und Hamburg damit seit der 2. Hälfte des 16. Jahrhunderts an Bedeutung gewann, war über die Erfurter Straße auch diese Hafenstadt ein Ziel. Nun tätigten Kaufleute aus Nürnberg von hier Importe und Exporte mit Partnern in den Niederlanden und in England. Über Leipzig waren Frankfurt a. d. Oder, Posen und Thorn als wichtige Stützpunkte des Osthandels zu erreichen. Dadurch entstanden Verbindungen nach Litauen, Livland und Rußland, und auch diese wußte die Nürnberger Kaufmannschaft zu nutzen.

Die Straße nach Dresden

Seit Etzlaub nennen die Kartographen zumeist einen übereinstimmenden Routenverlauf der Straße nach Dresden. Schon Hans Porner hatte 1418 in seinem Itinerar von Nürnberg aus Gräfenberg, Pottenstein, Bayreuth, Berneck, Münchberg, Hof und Plauen als Etappen aufgezählt, später sind sie durch Zwischenstationen ergänzt worden.

Wie es uns kartographische Quellen überliefern, ging die Straße durch das Laufertor, bog sogleich nordostwärts durch den Sebalder Reichswald nach Heroldsberg und lief dann auf der Linie der heutigen Bundesstraße über Eschenau und Forth bis Gräfenberg. Dort blieb sie jedoch nicht auf dieser Spur, sondern nahm ihre Richtung nach Bärnfels und Pottenstein, die sich mit den Ortsverbindungsstraßen gut nachvollziehen läßt, was auch für die Fortsetzung über Gesees nach Bayreuth gilt. Die damals markgräfliche Stadt ist eine Gründung der Grafen von Andechs im 12. Jahrhundert. Sie hat sich durch die Lage an der wichtigen Altstraße schnell entwickelt, besaß 1231 das Stadtrecht und war seit 1283 eine Zollstätte.

Auch der weitere Verlauf der Straße ist recht eindeutig. Von Bayreuth erreichte sie mit Überschreitung des Roten Mains über Bindlach den Übergang des Weißen Mains und Berneck mit der Burg Hohenberneck, die bis 1553 Sitz eines markgräflichen Amtes war. Nun stieg sie mit den Etappen Lützenreuth, Böseneck, Gefrees, Friedmannsdorf auf dem Sattel zwischen Frankenwald und Fichtelgebirge nach Münchberg und zog weiter über Reuthlas und Konradsreuth nach Hof, der letzten Stadt vor der sächsischen Grenze.

Für Hof — ebenfalls eine Gründung der Andechser — gilt einmal mehr, daß sein Aufstieg zur Stadt von der Lage am Flußübergang einer Altstraße mitbestimmt wurde. Ihre Route lief über Plauen zum Nordhang des Erzgebirges mit den Bergwerkstädten Zwickau und Freiberg und nach Dresden.

Die Stadt an der Elbe, die ihre Entstehung, so wie manche andere, dem Schutz des Flußüberganges verdankt, ist ein wichtiger Brückenkopf für den Handel mit Schlesien und Polen gewesen, wo Breslau und Krakau die Schwerpunkte waren. Mit Breslau hatten Nürnberger Kaufleute seit Anfang des 15. Jahrhunderts Beziehungen, in Krakau besaß Nürnberg schon seit 1365 das Privileg, gegen Entrichtung des normalen Zolls bis nach Lemberg freien Handel treiben zu können.

Abb. 27 Der Laufer Schlagturm.
Der Kern des Turmes wurde wahrscheinlich um die Mitte des 13. Jahrhunderts erbaut; 1508 erhielt er einen zweigeschossigen Aufsatz; der achteckige Spitzhelm ist eine moderne Erneuerung. Der Turm schützte das ursprüngliche Osttor der älteren Stadtbefestigung, von der ein Reststück (im Bilde rechts) erhalten ist. Wie beim Neutor, beim Spittlertor und beim Frauentor ersetzte beim Ausbau der erweiterten Befestigung am Ende des 14. Jahrhunderts ein neues, das „Äußere Laufertor“, das alte.

Abb. 28 Prag. Kupferstich von Franz Hogenberg aus „Civitates orbis terrarum“ von Georg Braun (1572).
Der Kupferstich zeigt in der Mitte die Moldaubrücke, durch die der Hradschin mit Kaiserburg und Veitsdom und die „Kleinseite“ am linken Ufer mit der Prager Altstadt, die seit 1245 Stadtrecht besaß, verbunden waren. Sie hat seit 1357 eine ältere Steinbrücke (1172) abgelöst und kennzeichnet mit ihrem Namen „Karlsbrücke“ neben anderen Bauwerken jener Zeit den Aufstieg der Stadt unter Kaiser Karl IV.; er war es, der Prag zu seiner „Hauptstadt“ und zum glanzvollen Mittelpunkt Böhmens machte. Dort hat er nicht nur die erste deutsche Universität gegründet (1348), sondern auch die Wirtschaft systematisch gefördert, so daß die Stadt nunmehr stärker als bisher in weiträumige Handelsgeschäfte einbezogen wurde. Über die Karlsbrücke lief ein lebhafter Fernverkehr in beide Richtungen: vom Westufer nach Dresden, Leipzig, Nürnberg und Regensburg, vom Ostufer nach Görlitz, Breslau, Brünn und Wien.

Damit standen den wendigen und auch risikobereiten Kaufherren der Reichsstadt — wie schon beim Handel über Leipzig hinaus — die weiten Ostgebiete offen, deren Produkte sie als Importe nach Westen holten: Felle, Leder und Pelze, Flachs, Garn, Talg und Wachs, daneben Holz, Teer, Pottasche und Pech. Im Gegenzug kamen als Export die Erzeugnisse des Nürnberger Handwerks in den Osten; Rüstungen, Hellebarden, Sporen, Messer, Waren für Haus und Küche, aber auch Schmuck der Gold- und Silberschmiede. Hinzu traten Samt, Seide und Gewand aus Italien und die begehrten Gewürze aus dem Orient.

Die Straße nach Prag

Am Laufertor begegnet uns noch eine andere Straße, die nach Böhmen. Sie hat dem Tor seinen Namen gegeben und lief auf der Spur der alten Ostroute auf den nördlichen Talterrassen der Pegnitz nach Lauf. Dort hat Kaiser Karl IV. in den Jahren 1356 bis 1360, als Raststelle für seine Reisen und zum Schutz der Straße, auf den Grundmauern einer Ruine seine neue Burg erbauen lassen. Von Lauf zog die Trasse über Reichenschwand und Altensittenbach nach Hersbruck, dem Karl IV. Stadtrecht gab, wodurch die Verlegung der Straße in das erweiterte Stadtgebiet vollzogen wurde. Nach Überschreitung der Pegnitz bei Hohenstadt führte sie nun weiter über Pommelsbrunn und Hartmannshof nach Sulzbach, der Hauptstadt „Neuböhmens", die aber schon 1373 — wie viele andere Erwerbungen Karls IV. — an die Wittelsbacher zurückfiel.

Sulzbach hat erst nach 1332 zu den mit Nürnberg durch Privilegien verbundenen Orten gehört. Sein Bergbau und die damit verbundenen Hütten- und Hammerwerke sind durch Karl IV. aber begünstigt worden; so konnte es sich seine Bedeutung neben dem Amberger Revier bewahren und blieb weiterhin ein wichtiger Partner Nürnbergs.

Der Handelsverkehr nach Böhmen war bis zu Beginn des 14. Jahrhunderts vornehmlich über die an der Donau liegenden Stapelplätze Wien, Linz, Passau und Regensburg gegangen, in geringerem Umfang auch von den Mainlanden her. Erst seit der Mitte des Jahrhunderts, in der Regierungszeit Karls IV., kam der Fernhandel aus einer neuen Richtung hinzu, aus Nürnberg. Der Kaiser machte Prag zum kulturellen und ökonomischen Mittelpunkt Böhmens, dessen Wirtschaft er aus politischen Gründen besonders gefördert hat *(Abb. 28)*. Das geschah zur Stärkung seiner „Erblande" und mit der Zielrichtung nach Franken und in die Oberpfalz, um dort ein abgerundetes Territorium zu schaffen. Wenngleich diese Tendenzen unter Karls Nachfolgern wieder verflachten oder zurückgenommen werden mußten, so hatte mit ihnen doch eine Entwicklung begonnen, die weiterwirkte. Die Fernstraße nach Böhmen und Mähren war zu einer wichtigen Verkehrsachse gediehen; sie brachte dem Nürnberger Handel neue Anteile, die nur in der Hussitenzeit geschmälert wurden.

Die Weiterführung der Straße von Sulzbach nach Osten ist durch mehrere Quellen dokumentiert. Zunächst nennt das Brügger Itinerar eine — wohl ältere — Route mit den Etappen Hirschau, Weiden, Bärnau, Tachau, Kladrau, Pilsen, Beraun und Prag. Etzlaub hat diese Straßenführung bestätigt, sie taucht auch in der Jung'schen Karte von 1641 wieder auf. Daneben war ab Hirschau noch eine andere

Strecke in Gebrauch, die Jörg Gail erstmals angibt; sie führte über Waidhaus und Pfraumberg nach Pilsen und traf dort mit der anderen wieder zusammen.

Pilsen wie auch Prag gehörten zu jenen Orten, mit denen Handelsprivilegien erst in der Zeit der Könige aus dem Luxemburgischen Hause vereinbart wurden. Zwar haben die Hussitenkriege die Beziehungen für längere Zeit beeinträchtigt, doch bekam der Handel später wieder Auftrieb, vor allem seit König Wladislaw den Nürnberger Kaufleuten 1480 alle früheren Freiheiten in Böhmen erneut bestätigte.

Der Straßenzug nach Prag lief über Beraun, seine Fortsetzung über Böhmisch Brod und Kolin. Das geschah auf einer Altstraße, die das Moldaubecken mit dem Donauknie verbunden hat, in das Revier des ertragreichen Silberbergbaus, nach Kuttenberg, Deutsch Brod und Iglau. Von dort nennt Etzlaub eine Weiterführung über Trebitsch nach Brünn, die in anderen Quellen nicht auftaucht. Doch hat sie der Kartenmacher sicher nicht ohne Grund aufgeführt, denn die Hauptstadt Mährens ist auch für Nürnberg von Interesse gewesen, wenngleich es vielleicht nur einzelne Handelshäuser waren, die dorthin und weiter nach Olmütz Verbindungen hatten.

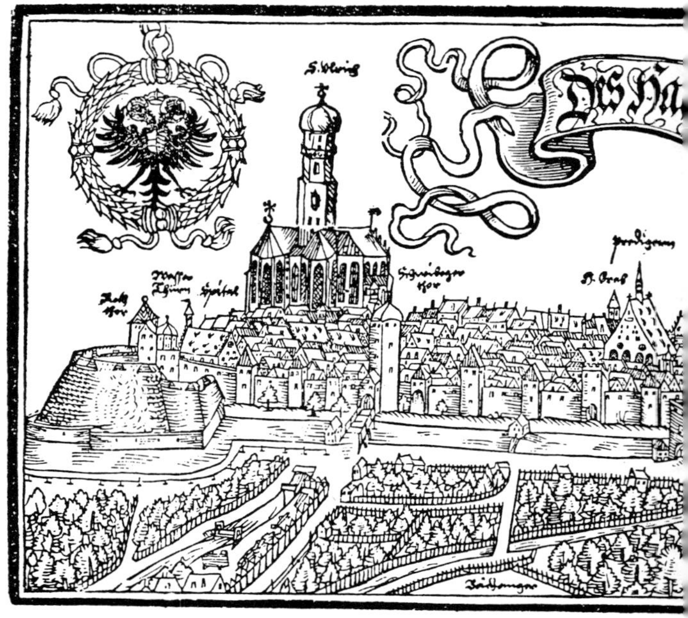

Die Straßen nach Augsburg und Salzburg

Als Nord-Süd-Achse des Fernhandels zwischen Deutschland und Oberitalien ist die Straße nach Augsburg, zum Brenner und nach Venedig seit dem Aufstieg der italienischen Hafenstadt eine bevorzugte Verbindung gewesen. Das galt gleichermaßen

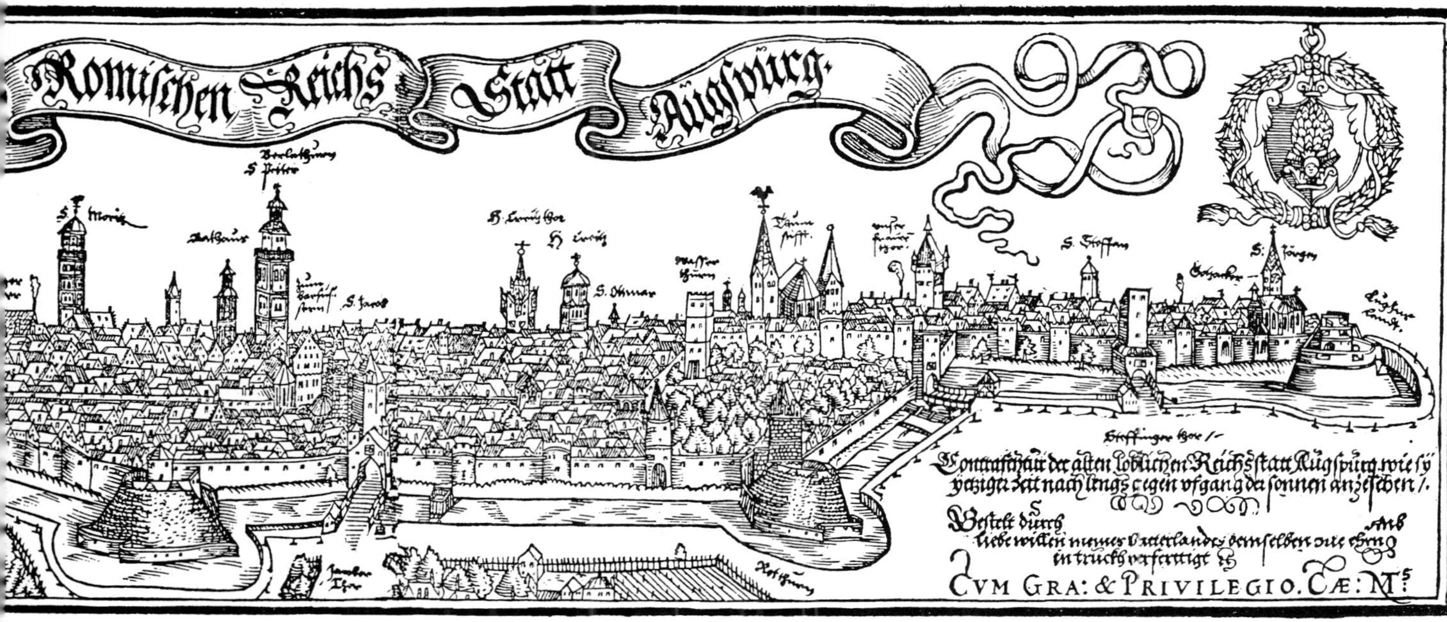

Abb. 29 Augsburg. Holzschnitt von Hans Rogel (1563).

Die Altstadt Augsburgs steht auf dem Boden der römischen Militärkolonie „Augusta Vindelicorum“, die ein wichtiger Knotenpunkt im Straßennetz der Provinz Rätien gewesen ist. So nimmt es nicht wunder, daß aus der späteren Alemannensiedlung und dem fränkischen Gaugrafensitz ein Markt erwuchs, der bereits 1156 Stadtrecht erhielt, 1276 Reichsstadt wurde und seit dem 15. Jahrhundert zu einem bedeutungsvollen Ort deutschen Wirtschafts- und Geisteslebens aufstieg. Neben Nürnberg war er der bevorzugte Handelsplatz Oberdeutschlands und für die fränkische Reichsstadt zudem eine wichtige Station auf dem Wege nach Italien. In der Stadtansicht Hans Rogels geht der Blick nach Westen; links ist neben St. Ulrich und Afra das Rote Tor als Ausgangspforte nach Süden erkennbar; rechts — vom Stift St. Georg verdeckt — stand ein Nordtor, das Wertachbruckertor, von dem nur der Name vermerkt ist. Hier kam die Fernstraße von Nürnberg und eine zweite von Frankfurt, die sich in Donauwörth trafen, in die Stadt, deren erweiterte Befestigung in der 1. Hälfte des 14. Jahrhunderts vollendet worden war. In der Mitte des Bildes hat Rogel das Jakobertor mit der Ausfallstraße nach Neuburg a. d. D., Ingolstadt und Regensburg gesetzt. Das verdeckte Westtor — zwischen St. Moritz und St. Katharina — war für den Verkehr zum Bodensee über Memmingen bestimmt.

von dort in nördlicher Richtung, wie es der Name „Strada d'Allemagna" aussagt.

Augsburg war schon bei den Römern als Knotenpunkt ihres rätischen Straßennetzes hervorgetreten; im Karolingerreich und bis zu den Staufern versammelten hier die deutschen Könige ihre Gefolgsleute für die Züge nach Italien. Frühzeitig mit Privilegien ausgestattet, gewann die Stadt im Hochmittelalter herausragende Bedeutung; ähnlich wie bei Nürnberg beruhte ihr Wohlstand auf Gewerbe und Handel, umfangreiche Bankgeschäfte traten hinzu *(Abb. 29)*.

Über die Fernstraße besitzen wir verbindliche Aussagen; sie beginnen mit Hans Porner und werden in späteren Itineraren und Karten immer aussagefähiger. Nürnberg wurde durch das Spittlertor verlassen; über Eibach, Reichelsdorf und Mühlhof kam der Reisende nach Schwabach. Hier war um 1300 eine planmäßige Marktanlage entstanden, die sich an der Altstraße orientierte und ihrer Gabelung Rechnung trug. Unsere Augsburger Straße lief weiter nach Roth und über Pleinfeld und Ellingen nach Weißenburg. Da auch Georgensgmünd als Etappe genannt wird, läßt sich für diese, vielleicht ältere Trasse annehmen, daß sie von Schwabach über Rittersbach, Georgensgmünd und Pleinfeld gelaufen ist.

Auch bei Weißenburg erkennt man die Wechselwirkung zwischen Siedlung und Straße, deren Verlauf nach Süden durch den Altmühlübergang und Etappenort Dietfurt bestimmt wurde, wo für das Jahr 1504 eine erste Steinbrücke nachgewiesen ist. Nun stieg die Straße zur Monheimer Alb und kam über Neuherberg, Zollhaus und Monheim zu dem schon im Frühmittelalter wichtigen Flußübergang Donauwörth, den Etzlaub in seinen Karten noch mit dem ursprünglichen Namen „Werd" — nach der vorgelagerten Flußinsel so benannt — eingetragen hat. Jenseits der Donau führte die Trasse auf der westlichen Uferterrasse des Lech, den Spuren der Römerstraße folgend, nach Augsburg.

In Nürnbergs Handelsprivilegien blieb Augsburg wie die anderen Handelsstädte Schwabens — Ulm, Ravensburg und Konstanz — ausgeklammert. Auch später gelang es den Nürnbergern nicht, sie in das große Netz ihres Freihandels einzubeziehen. Hier spielten ältere politische Gründe eine Rolle, aber auch spätere wirtschaftlicher Art, zumal Augsburg und Ulm Konkurrenten im Baumwoll-Barchent-Handel waren. Gleichwohl sind diese Städte wichtige Stationen auf dem Weg nach Süden gewesen, der in unserem Fall über Innsbruck zum Brenner führte und sich danach in Sterzing gabelte. Von dort lief eine Route über Brixen und Bozen nach Verona, die andere über Bruneck und Serravalle nach Venedig.

Frühe Nachrichten für den Nürnberger Handel mit Venedig liegen aus der ersten Hälfte des 14. Jahrhunderts vor; bis zum 16. Jahrhundert hatten die führenden Handelshäuser dort ihren Sitz, um als Importeure und Exporteure Geschäfte mit dem Orient abzuwickeln. Der Stützpunkt deutscher Kaufleute in Venedig war der „Fondaco dei Tedeschi", in dem zahlreiche Gesellschaften Zimmer und Lagerräume als ständige Filialen mieten konnten.

Im Netz der Nürnberger Fernstraßen liegt die Salzburger zwischen den Routen nach Regensburg und Augsburg. Obgleich sie hinter beiden in ihrer Bedeutung für den Fernhandel zurückstand, war

Abb. 30 Altstraße bei Reckenstetten.
Die Nürnberger Straße nach Salzburg kam zusammen mit der Regensburger aus dem Frauentor, zog aber dann in Richtung Allersberg weiter, um bei Reckenstetten die Schwarzach zu überschreiten. Noch heute läuft sie hier über eine Brücke, wo schon im Mittelalter eine Furt gewesen ist.

sie den oberdeutschen Kaufleuten dennoch von Wert. Salzburg ist einer der Hauptplätze des mittelalterlichen Salzhandels gewesen, es war auch Abnehmer für Waren aller Art. Die Nürnberger wiederum haben sich an Kärntens Bergbau beteiligt und tätigten dort ihre Einkäufe von Metallen. Schließlich bot die Straße eine Direktverbindung zum Donauübergang Neustadt und weiter zum Isarübergang Landshut, der herzoglich-bayerischen Residenz des 14. und 15. Jahrhunderts. Südostwärts von Neustadt lief ferner die schon erwähnte „Ochsenstraße" über Abensberg nach Straubing; ein Teil der von Ungarn herkommenden Viehtransporte wird seinen Weg dann über diese Nürnberger Straße genommen haben.

Für den Verlauf der Straße stehen wieder aussagefähige Nachweise zur Verfügung; zunächst einmal die mehrfach erwähnte Itinerarrolle und danach Reisebücher und Karten. Sie kam wie die Regensburger Straße durch das Frauentor, zog aber südwärts nach Röthenbach b. St. Wolfgang, Sperberslohe, Birkenlach und Allersberg. Von hier ging die Route nach Reckenstetten, wo eine Brücke uns noch die Stelle der ehemaligen Furt durch die Schwarzach anzeigt *(Abb. 30)*. Über Freystadt und Rappersdorf wurde Berching erreicht und auf einer Talterrasse der Sulz der Altmühlübergang Beilngries. Nun zog die Trasse nach Schamhaupten, überstieg die Wasserscheide zwischen Altmühl und Donau und strebte in weit ausholendem Bogen zur Donaubrücke vor Neustadt.

Südlich der Donau lief die Straße über Landshut und Burghausen nach Salzburg. Von dort war Villach erreichbar, das die Möglichkeit bot, über Pontebba und Pordenone nach Venedig zu kommen.

Abb. 31 Ulm. Holzschnitt aus der „Cosmographia universa" von Sebastian Münster (1574).
Ulm war schon als karolingische Königspfalz ein wichtiger Donauübergang. Die wachsende Siedlung wurde vom Stauferkaiser Friedrich Barbarossa 1181 zur Stadt erhoben und erhielt bis 1480 ihre erweiterte Ummauerung, wie sie der Holzschnitt zeigt. Der Blick auf die Stadt geht über die Donau nach Norden zum Michelsberg, vor dem das Münster thront, das im 14./15. Jahrhundert erbaut wurde, aber erst 1890 seinen hohen Turmaufsatz bekam. Rechts ist das Herdbruckertor mit der Brücke zur Inselvorstadt zu sehen, von der ein zweiter Übergang den Weg zur wichtigen Straße nach Süden freigibt, die über Ravensburg in die Schweiz führte. Das Frauentor — hinter dem Predigerkloster — war für die Fernstraße nach Nürnberg über Giengen und Nördlingen und nach Frankfurt über Geislingen und Cannstatt bestimmt. Durch das Glöcklertor im Südwesten der Stadt lief die Straße über Blaubeuren und Reutlingen nach Straßburg.

Die Straße nach Ulm

Von den Straßen des Nürnberger Fernhandels besaß auch jene nach Ulm einen hohen Rang. Die alte Stauferstadt unterhielt frühzeitig weiträumige Handelsbeziehungen; ihre Kaufleute waren schon seit dem 13. Jahrhundert auf den Messen der Champagne und in Genf vertreten. Zum anderen war Ulm ein wichtiger Donauübergang, von dem schon die Trasse einer Römerstraße nach Ravensburg gelaufen war, wo sich noch immer die Straßen nach Oberitalien, nach der Schweiz und nach Südfrankreich gabelten *(Abb. 31)*. Mailand als Metropole der Lombardei wurde über Chur, den Splügenpaß oder den Septimer erreicht; Genf und Lyon über Konstanz und Bern. Auch Nürnberg hatte zu Genf und Lyon enge wirtschaftliche Verbindungen, außerdem fand man dort Anschluß nach Spanien und Portugal.

Die Ulmer Straße ist in Karten und Itineraren mit zahlreichen Etappen verzeichnet und durch weitere Quellen belegt. Mit der Augsburger Route lief sie zunächst bis Schwabach, zweigte dort aber nach Südwesten ab und kam über Wassermungenau und Obererlbach zum Altmühlübergang Gunzenhausen. Dessen Marktanlage aus dem 13. Jahrhundert ist durch die alte Straßenverbindung zwischen Würzburg und Ingolstadt bestimmt, während Osttor und Flußbrücke die Nürnberg-Ulmer-Route markieren. Sie zog dann auf einer Trasse, die weitgehend von der späteren Chaussee übernommen wurde, nach Gnotzheim, Ostheim, Westheim und Öttingen und nach Nördlingen.

Auf der Nördlinger Messe besaßen Nürnbergs Kaufleute — wie für die in Donauwörth — schon seit 1219 erste Freiheiten. Auch später war diese Messe für die Versorgung mit Barchent und Tuch und für den Absatz von Metallen und Erzeugnissen Nürnberger Metallwaren wichtig. Mit der Reichsstadt im Ries begegnet uns im übrigen erneut eine typische Marktsiedlung, die mit vier Toren den Kreuzungsort einer Fernstraße vom Main zur Donau mit der Nürnberger Straße kennzeichnet. Ihre Weiterführung wurde schon von Etzlaub über Giengen gewählt und nach ihm von anderen Autoren bestätigt.

Auch der weitere Verlauf der Fernstraße und ihrer Gabelungen ist durch kartographische Quellen gesichert. Ravensburg wurde über Laupheim und Biberach erreicht, von dort lief die Mailänder Route über Lindau, Bregenz und Feldkirch nach Chur. Hier gab es nun die beiden Möglichkeiten, das Alpenmassiv zu überschreiten: über den Splügenpaß zwischen Thusis und Campodolcino oder über den Septimer zwischen Bivio und Casaccia. In beiden Fällen war Chiavenna die nächste Etappe, um Mailand über Como zu erreichen.

Die Hauptstadt der Lombardei war für Nürnberg seit 1346 durch Privilegien ein günstiger Handelsplatz, zumal durch die Nähe Genuas ein zweiter Mittelmeerhafen neben Venedig zur Verfügung stand. Nürnberger Handelshäuser hatten seitdem in Como, Mailand und Genua Niederlassungen, wo sie als Lieferanten und Abnehmer für vielfältige Geschäfte auftraten.

Für die Betrachtung der Straße von Ravensburg nach Südwesten stehen wiederum zahlreiche Quellen zur Verfügung. Genf als nächstes Ziel der Fernroute wurde über die Stationen Konstanz, Schaffhausen, Baden, Bern, Freiburg und Lausanne erreicht. Die auf das keltische „Geneva“ zurückge-

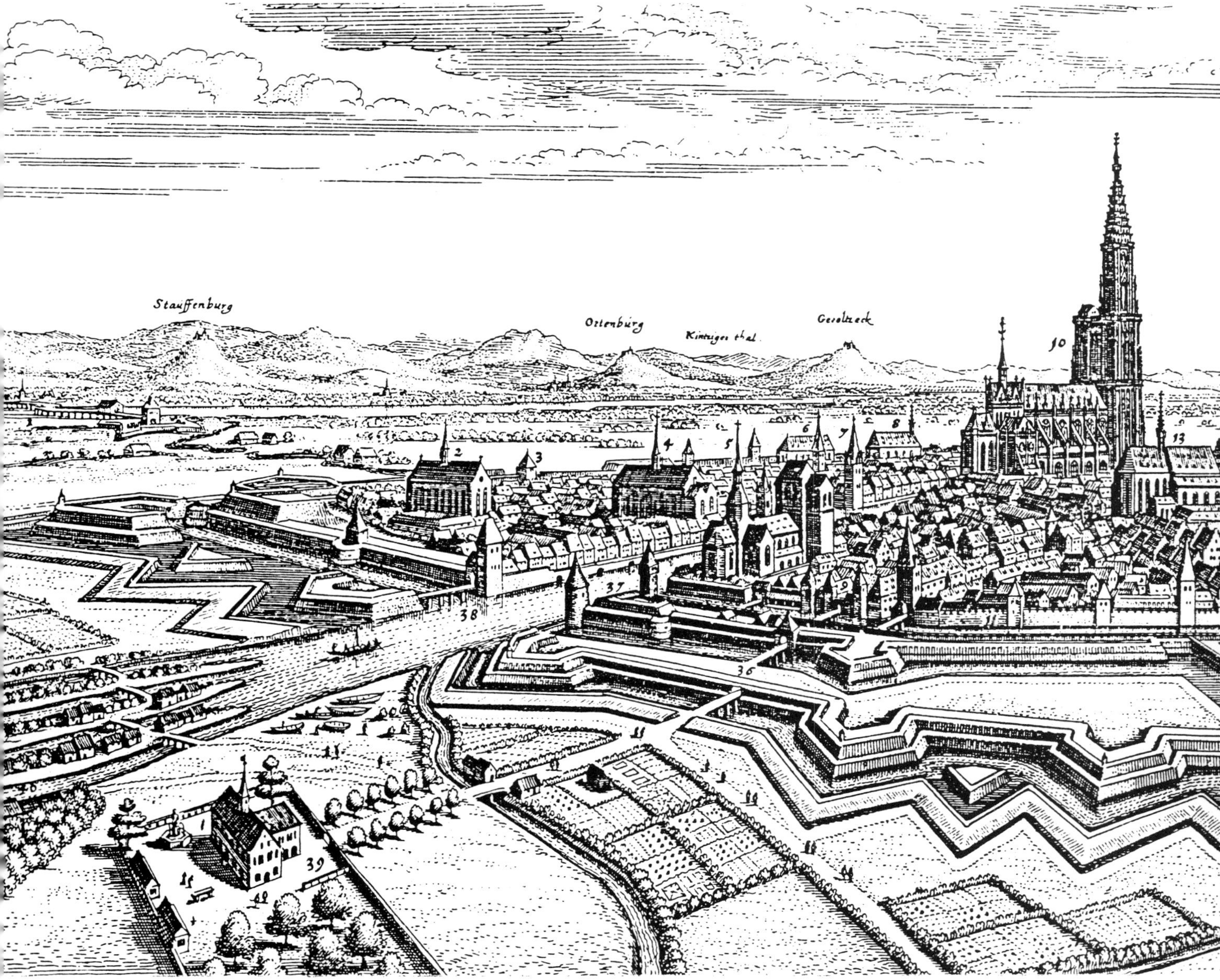
Stauffenburg
Ottenburg
Kintziger thal
Geroltzeck

◁ *Abb. 32 Straßburg. Ausschnitt des Kupferstiches von Matthäus Merian aus der „Topographia Alsatiae (1643).*
Auf dem Boden des römischen Argentoratum erbaut, erhielt der spätere Ort im 7./8. Jahrhundert den Namen „strateburg", der seine frühe Bedeutung als Knotenpunkt von Altstraßen kennzeichnet. Hier leisteten Ludwig der Deutsche und Karl der Kahle in althochdeutscher und altfranzösischer Sprache 842 die „Straßburger Eide", durch die Straßburg und der Elsaß ein Bestandteil des Ostfränkischen und späteren Deutschen Reiches wurden, bis sie Ludwig XIV. im Zug der französischen Machtausdehnung zum Rhein seinem Staat 1681 mit Waffengewalt einverleibte. Der Kupferstich zeigt Straßburg noch als Freie Reichsstadt, die es 1262 geworden war, und als Festung, die ihre Ummauerung über die Ill nach Osten ausgedehnt hatte. Merian bietet mit seinem Stich ein topographisch gutes Bild. Der Blick geht über die Stadt auf die Vorberge des Schwarzwaldes nach Südosten. Dort zeigt der Ausschnitt die Burgen Geroldseck, Ortenburg und Staufenberg und vor der letzteren den für Straßburg bedeutsamen Rheinübergang bei Kehl, der seit 1392 eine erste feste Brücke besaß. Sie wurde mit der Straße am Goldenen Turm (7) und durch das Neutor (3) erreicht, die sich von Kehl nach Nordosten, Osten und Südosten in drei Stränge gabelte; einer davon war die Fernstraße nach Nürnberg. Durch drei weitere Tore in der anderen Hälfte des Stiches liefen die Straßen westlich des Rheines nach Mainz, nach Saarbrücken, nach Reims und nach Basel.

hende burgundische Stadt gehörte im Hochmittelalter zum Königreich Arelat, dessen Zollfreiheiten durch die Urkunde von 1332 bestätigt wurden. Genf war in der Tat ein überaus wichtiger Handelsplatz für Nürnberg, denn nach dem Niedergang der „Champagne-Messen" um die Mitte des 13. Jahrhunderts haben die Genfer Messen für 200 Jahre eine überragende Bedeutung besessen, da sie den französischen, italienischen und deutschen Transithandel einschlossen. In der zweiten Hälfte des 15. Jahrhunderts verloren jedoch auch sie ihren Rang, den seit dieser Zeit die in Lyon einnahmen. Nun war für die Nürnberger Handelshäuser dort der bessere Platz zum Einkauf von Produkten Südfrankreichs und zum Absatz von Metallwaren und Textilien.

Lyon konnte von Genf bei einer Entfernung von nur wenig mehr als 20 Meilen gut erreicht werden und bot darüber hinaus die Fortsetzung in zwei Fernstraßen: eine nach Toulouse, wo ein wichtiger Markt für den Farbstoff Pastel bestand, die andere nach Barcelona, das ein Stützpunkt des Nürnberger Handels in Spanien gewesen ist.

Die Straßen nach Straßburg und Saarbrücken

Die Zollbefreiungen in Straßburg, die 1332 bestätigt wurden, gehen bis in die Stauferzeit zurück. Mit der Reichsstadt am Oberrhein stand Nürnberg aber nicht nur wirtschaftlich sondern auch auf Gebieten der Kunst und der Wissenschaften in enger Verbindung, vor allem seit dem Ende des 15. Jahrhunderts *(Abb. 32)*. Zu den Straßburger Gelehrten jener Zeit gehörte der Humanist Sebastian Brant, der durch sein satirisches Werk „Das Narrenschiff" berühmt wurde. Er war auch der Verfasser einer „Chronik über Teutsch land", die jedoch erst nach seinem Tod zum Druck kam. Aus dieser Chronik lassen sich die Routenkenntnisse des Straßburger Botenamtes erkennen, dem Brant als „Kanzler" seiner Vaterstadt vorstand. Für die Nürnberg-Straßburger-Straße wird eine größere Zahl von Stationen geboten, die spätere Autoren zum Teil übernommen haben. Zunächst handelt es sich um eine Straße über Schwabach, Gunzenhausen, Nördlingen, Schwäbisch Gmünd, Cannstatt, Pforzheim und Rastatt nach Straßburg und eine Gabelung von Schwabach über Wolframs-Eschenbach, Dinkelsbühl und Ellwangen.

Bei näherer Betrachtung muß eine andere Fernverbindung als gleichrangig erscheinen. Ihre Trasse strebte nach Verlassen des Spittlertors über Schweinau zum Rednitzübergang in Stein, wo am Ende des 13. Jahrhunderts eine „steinin brucke" urkundlich erwähnt wird und die Verkehrsbedeutung der Flußüberquerung bestätigt. Weitere Etappen der Altstraße sind Heilsbronn und Ansbach, das durch seine Lage am Kreuzungspunkt zweier frühmittelalterlicher Straßen bereits 1056 eine Zollstelle war und im 14. Jahrhundert zum Mittelpunkt des späteren Zollernstaates der Markgrafen von Brandenburg aufstieg. Diese hatten als Burggrafen von Nürnberg auf der Straße das Geleitsrecht bis Crailsheim, dem wichtigen Flußübergang an der Jagst. In welchem Umfang die Auseinandersetzungen der Stadt Nürnberg mit den Burggrafen zeitweilig zu einem geringen Verkehr auf dieser Wegestrecke geführt haben, muß offen bleiben. Sie war auf jeden Fall eine topographische günstige Route, mit der Straßburg über Crailsheim, Schwäbisch Hall, Bretten und Rastatt gut zu erreichen war.

Für Nürnbergs Handel ist der Elsaß wegen seiner Weine und Straßburg wegen seiner Messen und der Lieferung von Waffen von Interesse gewesen. Die Reichsstadt war aber nicht das ausschließliche Ziel. Von hier ging eine Fernstraße über Toul und Châlons nach Reims oder — was nach dem Niedergang der Champagne-Messen bedeutungsvoller wurde — über Epernay und Château-Thierry nach Paris.

Die Messen der Champagne erlebten ihre Blütezeit im 12. und 13. Jahrhundert. Hauptorte waren Troyes und Provins mit jeweils zwei Messen im Jahr, daneben noch Bar-sur-Aube und Lagny mit einer Messe jährlich. Sie waren während dieser Zeit auch für den Nürnberger Handel von erheblichem Interesse; ihre Plätze waren über Toul in einem Straßenzug zu erreichen.

Ähnliche Voraussetzungen für den Fernhandel waren in Saarbrücken gegeben. Dort kreuzten sich zwei Altstraßen; die eine, die „Lampartische", verband die Lombardei mit Flandern; die andere war eine Ost-West-Verbindung zwischen Mainz und Metz. Sie ging auf eine Römerstraße zurück und wurde um 1300 von den Grafen von Saarbrücken durch die Ortsteile Saarbrücken und St. Johann gelegt, die damals durch eine Fähre, seit 1549 durch eine Steinbrücke miteinander verbunden waren. Für Saarbrücken hat seitdem der Transithandel eine Rolle gespielt, zu dem neben Salz und Holz schon im 16. Jahrhundert auch Kohle gehörte.

Für die Route zwischen Tauber und Saar gibt es außer Etzlaubs Straßenkarte einige weitere Quellen. Nach Rothenburg o. d. Tauber nennen sie Ingelfingen, Neuenstadt und Wimpfen, dann — der Trasse einer Römerstraße und frühmittelalterlichen

Abb. 33 Die Doppelbrücke bei Rothenburg ob der Tauber.

Für Rothenburg war ein fester Übergang der Tauber so wichtig, daß schon um 1330 unterhalb des Kobolzeller Tores eine Steinbrücke, die das Tal überquerende Doppelbrücke, erbaut wurde. Bis zum Ende des 2. Weltkrieges hielt sie stand, um dann noch einer Sprengung zum Opfer zu fallen. Doch waren ihre Fundamente so fest, daß sie konturentreu mit einer geringen Verbreiterung wieder aufgebaut werden konnte. Der Blick des Bildes über die Brücke hinweg, hinauf zu den Türmen und Mauern vermittelt ein Stück Geschichte, in der Stadt, Straße und Brücke miteinander verknüpft waren.

Wegespur folgend — Sinsheim, Wiesloch und Speyer. Wie schon oft, begegnen wir dort einem Flußübergang, der 946 als Rheinfähre bezeugt wird. Der weitere Streckenverlauf von Speyer nach Kaiserslautern und — wieder auf der Linie einer Römerstraße — über Landstuhl nach Saarbrücken ist recht eindeutig.

Schwieriger wird die Bestimmung des Straßenverlaufs von Nürnberg nach Rothenburg. Hierzu gibt es in Etzlaubs Landstraßenkarte — wohl aus Platzgründen — keinen Etappenort; wir wollen uns deshalb den Straßenforschern Weller und Krüger anschließen. Mit ihnen kommt man zu einer Route, die Nürnberg durch das Spittlertor verließ und über den Rednitzübergang bei Altenberg nach Ammerndorf und Großhabersdorf ging. Dann führte sie weiter nach Dietenhofen, auf der nördlichen Frankenhöhe über Straßenhof nach Oberdachstetten und Windelsbach und erreichte Rothenburg.

Die spätere Reichsstadt ist am Anfang des 12. Jahrhunderts erstmals als ein „oppidum", als befestigte Stadt erwähnt worden, die sich aus der Siedlung um die staufische Reichsburg zu einer planmäßigen Anlage entwickelt hatte. Im 14. Jahrhundert erhielt die Stadt einen erweiterten Befestigungsring, dessen Ummauerung und Ausfalltore — Klingentor, Würzburger Tor, Äußeres Rödertor, Äußeres Spitaltor und Kobolzeller Tor — bis heute erhalten sind. Der Reichtum und die wirtschaftliche Kraft Rothenburgs beruhten vor allem im umfangreichen Grundbesitz des Umlandes und in seiner Stellung als Binnenmarkt. In der Stauferzeit hatte die Verbindung zu Nürnberg in erster Linie ein politisch-strategisches Gewicht. Der Bau der steinernen Doppelbrücke, der um 1330 angesetzt wird, weist für diese Zeit aber auch auf die überregionale Bedeutung der Ost-West-Achse von Nürnberg zum Rhein hin *(Abb. 33).*

Die Fernstraße kam in Rothenburg durch das Äußere Rödertor in die Stadt, verließ sie durch das Kobolzeller Tor und stieg hinab ins Tal, um auf der Doppelbrücke die Tauber zu überqueren. Unmittelbar hinter der Brücke stieg die Straße hinauf zur Hohenloher Ebene, sicherlich auf der Trasse von Leuzenbronn nach Schrozberg und Heimhausen, deren Fortsetzung nach Ingelfingen führte. Nicht nur Etzlaubs Fernroute seiner Straßenkarte, auch die imponierende Steinbrücke, deren obere Bogenkonstruktion den steilen Anstieg verringert, unterstützt die Annahme, die Straße über Rothenburg nach Wimpfen als eine der Hauptrouten des Nürnberger Handels anzusprechen.

Ihre Fortsetzung von der Saar nach Metz und Verdun — beide wie Saarbrücken Orte früher gegenseitiger Zollfreiheiten mit Nürnberg —, boten im übrigen Gelegenheit, auch auf diesem Wege in den Hennegau und nach Flandern zu reisen. Dort zeigen die Orte Cambray, Valenciennes, Tournay und Ypern durch ihre Zollprivilegien Nürnbergs Handelsinteressen. Und schließlich konnte auf der Straße von Saarbrücken nach Metz über Verdun und Châlons-sur-Marne der Messeort Lagny der Champagne erreicht werden. Von hier lag Paris nur eine gute Tagesreise entfernt. Offenbar waren es aber auch in späterer Zeit nur gelegentliche Geldgeschäfte, die Nürnbergs Kaufherren veranlaßten, die Seinestadt aufzusuchen.

Nürnberg als Knotenpunkt weiterer Straßen

Wenn in diesem Abschnitt eine Reihe von Straßen als solche „zweiter Ordnung" eingestuft wird, dann muß das mit Vorbehalt geschehen, denn jede Systematisierung, wie überall so auch hier, kann nicht allen Fakten gerecht werden. Wie aus den Quellen zu entnehmen ist, hat der Nürnberger Handel sich auf bestimmte Routen konzentriert, was jedoch nicht ausschließt, daß andere für den Verkehr ebenfalls Bedeutung besaßen. Sie wurden mehr oder weniger auch für den Handel genutzt und sollen deshalb nicht übergangen werden.

Die Straße nach München

München ist erst 1158 durch einen Schiedsspruch Kaiser Friedrich Barbarossas in das Licht der Geschichte getreten. Es ging um einen Streit zwischen Herzog Heinrich dem Löwen mit dem Bischof Otto von Freising, und des Kaisers Spruch fiel zugunsten des Bayernherzogs, der Markt und Brücke des bischöflichen Ortes Föhring mit Gewalt einige Kilometer isaraufwärts in und an die herzogliche Siedlung „zu den Minichen" verlegt hatte. Seitdem verlief die frühmittelalterliche „Salzstraße" von Salzburg nach Augsburg über den schnell wachsenden Marktort München und kreuzte sich dort mit einer anderen Altstraße, der „Weinstraße".

Als München 1255 zur bevorzugten Residenz des Wittelsbacher Teilherzogtums Oberbayern aufstieg, kam es fortan zu einer unaufhaltsamen Entwicklung und mit der „Großen Stadtrechtsverleihung" Kaiser Ludwigs des Bayern zu einem ersten Höhepunkt. Neben anderen Privilegien brachten das Stapelrecht für Salz und der Handel mit Wein und Tuchen wirtschaftlichen Aufschwung. Schon seit 1323 stand auch Nürnberg mit München in gegenseitiger Zollfreiheit, doch fehlen Nachrichten über starke Handelsbeziehungen zwischen beiden Städten. So kann die Münchner Straße nicht zu den Hauptrouten Nürnbergs gezählt werden, ihr Wert als Fernstraße ist aber nicht in Zweifel zu ziehen. Fand sie doch in München Anschluß an die Augsburger Straße nach Salzburg und brachte als Parallelroute wegen des Wettbewerbes um Geleit sicher Vorteile; denn auf dieser Straße waren die bayerischen Herzöge zuständig, die sich auch deutlich um eine häufige Benutzung bemühten.

Die Münchner Straße wird uns einmal mehr durch Jörg Gail und Johann Schirmer zur Kenntnis gebracht, denen sich andere Autoren angeschlossen haben. Ihr erster Etappenort Kornburg verweist auf eine Trasse, die nach Verlassen des Frauentors zunächst mit der Landshuter Straße zusammenlief, dann aber nach Worzeldorf abzweigte, dessen Höfe beiderseits der Straße die Richtung nach Kornburg anzeigen, wo sich seit dem 14. Jahrhundert eine Zollstätte der Burggrafen von Nürnberg befand. Auch der nächste Etappenort Schwand war ein typisches Straßendorf, das wohl über Leerstetten erreicht wurde. Hilpoltstein, 1345 als Stadt bezeichnet, ist der nächste Name in der Reiseroute, die sich über Thalmässing bis ins Tal der Schwarzach fortsetzte und am nördlichen Ufer nach Greding kam. Hier treffen wir einen ehemaligen Königshof, dessen Martinskirche auf eine Altstraße des Frühmittelalters hinweist.

Die Route blieb nun bis Kinding am Ostufer der Schwarzach, überschritt die Altmühl und gelangte auf der östlichen Talterrasse nach Kipfenberg. Von dort zog sie in Südrichtung über den Höhenrücken des Köschinger Forstes durch Schelldorf und Etting zum Donauübergang Ingolstadt, der auf die Römerzeit zurückgeht und auf dem Boden alten Königsgutes zu einer Markt- und Stadtgründung unter den Wittelsbachern führte. Für die Fortsetzung der Straße nach München nennen die kartographischen Quellen — neben einer anderen Variante — Pfaffenhofen a. d. Ilm, Petershausen, Ottershausen und Hochmutting als Stationen.

Die Straße nach Heidelberg

Sie ist eine weitere Wegeverbindung zum Neckar und zum Rhein und taucht erstmals bei Jörg Gail als Reiseroute auf. Ihre Trasse entsprach von Nürnberg bis Windsheim zunächst jener, die über Tauberbischofsheim als eine der Frankfurter Straßen über Miltenberg ging. In Windsheim zweigte sie jedoch nach Westen ab, lief über Ergersheim, Neuherberg, Custenlohr, Walmmersbach und Auernhofen zum Taubergrund und kam über Bieberehren und Schäftersheim nach Mergentheim. Hier kreuzte sie eine von Augsburg nach Miltenberg führende andere Fernhandelsstraße, und von dort gelangte der Reisende über Adelsheim und Mosbach in die Pfalzstadt Heidelberg, deren Hauptstraße sich im Zentrum zum Markt erweiterte. Von hier aus bestand nun die Möglichkeit, den Rhein in Worms oder in Speyer zu erreichen. Die Straße mag zu gewissen Zeiten eine stärker befahrene Route als andere gewesen sein, wie das ja auch für ähnliche Fälle nicht auszuschließen ist.

Die Straße nach Marburg

Johann Schirmer hat in seinem Meilenweiser von 1612 eine Route aufgenommen, die von Nürnberg über Marburg in das Siegerland führte und Anschluß nach Westfalen bot. Obgleich auch sie nicht zu den großen Fernstraßen des Nürnberger Handels gezählt wird, kann man doch annehmen, daß der Autor sie nicht ohne stichhaltigen Grund in seinen Wegzeiger eingereiht hat.

Die Wegeverbindung lief von Nürnberg zunächst auf der Erfurter Straße bis hinter Buch, zweigte dann aber nach Bruck ab und überschritt dort die Regnitz. Da Schirmer bis Gerolzhofen nur die Etappen Elsendorf und Schlüsselfeld nennt, muß offen bleiben, ob die Route über Büchenbach und Heßdorf oder über Herzogenaurach und Weisendorf nach Nordwesten weitergegangen ist. Schweinfurt wurde dann über die Station Grettstadt, Hammelburg über Euerbach erreicht, Marburg schließlich auf der Altstraße über Brückenau und Fulda. Damit war Anschluß nach Münster oder aber nach Bremen gegeben.

In diesem Zusammenhang soll einer anderen Altstraße gedacht werden, die neben den besprochenen Nürnberger Straßen nach Frankfurt eine weitere Variante bot. Sie führte von Hammelburg nach Gemünden und fand dort Anschluß an die „Birkenhainer Straße“, für die das Waldstück Birkenhain bei Geiselbach im Hochspessart namengebend gewesen ist. Sie gewann vom Tal des Mains in steilem Anstieg die Spessarthöhen über die Bayerische Schanz und zog über Lohrhaupten, Flörsbach und Kahl nach Neuwirtshaus und über Hanau nach Frankfurt. Noch am Anfang des 19. Jahrhunderts ist sie in Karten enthalten, wenn auch nur mehr als

Nebenstraße. Zumindest bis ins 16. Jahrhundert wurde sie aber auch von Nürnberger Kaufleuten befahren; Kurmainz, die Grafen von Hanau und die von Rieneck besaßen dort die Geleitsrechte. Mit den konkurrierenden Routen konnte sie sich wegen des schwierigen Terrains allerdings nicht messen, wenn auch die an ihrer Trasse entstandenen Straßenwirtshäuser ihre Benutzung bezeugen.

Die Straße nach Kassel

Auch bei dieser Straße können wir von Johann Schirmer ausgehen, der sie nach Kassel und weiter nach Paderborn und Osnabrück publik gemacht hatte. Es spricht dafür, daß sie für den Nürnberger Handel nicht unwichtig war, zumal der Name „Klein-Nürnberg" für den Stapel- und Umschlagplatz im Etappenort Ebern einen Hinweis gibt.

Bis Hallstadt lief die Route auf der Erfurter Straße, ging jedoch dann nach Kemmern weiter. Den Main überschritt sie mit einer Fähre und gelangte westlich des Flusses zur bambergischen Oberamtsstadt Baunach. Von dort führten zwei Talstraßen nach Ebern, eine westliche Trasse über Reckendorf und Rentweinsdorf, eine östliche über Gräfenholz und Treinfeld. Noch 1671 hat es deswegen einen Rechtsstreit zwischen dem Würzburger Fürstbischof und dem Freiherrn von Rotenhan gegeben, weil dieser Wegegeld in Rentweinsdorf erhob. Das Hochstift hingegen nahm den Standpunkt ein, daß nur die ostwärtige Trasse die „rechte land- und geleitsstraße" sei, der außerdem noch, um ihr Alter zu dokumentieren, die Benennung „via regia" hinzugefügt wurde.

Nördlich von Ebern waren Todtenweisach und Ermershausen die nächsten Stationen, dann Trappstadt und Römhild. Meiningen wurde über Exdorf und den Werraübergang von Untermaßfeld erreicht und so die Verbindung mit einer von Würzburg kommenden Altstraße nach Kassel hergestellt.

Wenn auch dieser Reiseweg nicht in die „Hauptrouten" eingereiht werden kann, so zeigt er doch wie andere die Vielfältigkeit des von Nürnberg ausgehenden Straßennetzes, das sich mit dem wachsenden Verkehrsbedürfnis ausbildete.

Die Straße nach Eger

Für diese Straße hat Johann Schirmer in einer Meilenscheibe eine Route genannt, die von Eger aus auf der von Würzburg kommenden böhmischen Straße nach Prag und Olmütz weiterlief. Jörg Gail hingegen setzt über Eger eine Nordost-Route durch das Erzgebirge nach Chemnitz fort, die dort Anschluß nach Leipzig und Dresden hat.

Von Nürnberg ging die Trasse zunächst in bekannter Weise nach Lauf, um dann über Schnaittach in die Frankenalb nach Plech aufzusteigen. Durch den Veldensteiner Forst führte sie in den Marktort Auerbach und über Kirchenthumbach, Kemnath, Marktredwitz, Arzberg und Schirnding nach Eger. An einer regen Benutzung dieser Altstraße ist nicht zu zweifeln, da sie die kürzeste Strecke zu dem Zinnhandelsplatz Eger war. Für den Fernhandel nach Böhmen und Sachsen ist sie aber geringer einzustufen, da die anderen Routen die günstigeren gewesen sind.

Die Neuzeit und ihre Folgen

Straßen waren zu allen Zeiten politischen und wirtschaftlichen Einflüssen ausgesetzt, die Veränderungen ihrer Bedeutung herbeiführen konnten. Was Nürnberg betraf, waren es im Mittelalter jene Faktoren, die mit den territorialen Verhältnissen Frankens, mit den dortigen machtpolitischen Schwerpunkten und dem wirtschaftlichen Wachstum eng zusammenhingen. Seit der Entdeckung Amerikas und des Seeweges nach Indien begann im 16. Jahrhundert aber eine Entwicklung, die mehr und mehr zu einer Umwandlung des Welthandels führte. Die deutschen Länder verloren ihre bisherige Vermittlerrolle im Güteraustausch Europas. Die reichen Schätze der „Neuen Welt" bescherten den westlichen Staaten ein wirtschaftliches und politisches Übergewicht, der anwachsende Seeverkehr im Atlantik ließ neue Handelsstädte emporsteigen, auch der Straßenverkehr bewegte sich stärker auf anderen Routen.

Für Nürnberg trafen die Folgen dieser Entwicklung zunächst nicht ein, im Gegenteil, es begann eine Blütezeit, die bis in die Mitte des 16. Jahrhunderts währte. Handel und Verkehr nahmen auch in Mitteleuropa zu, wenngleich neue Schwerpunkte gesetzt waren. Nach den Rückschlägen durch die „Schwarze Pest" von 1349/50 hat ein um die Mitte des 15. Jahrhunderts anhebender Aufschwung lange angehalten; erst der Dreißigjährige Krieg schuf eine scharfe Zäsur und leitete durch seine Folgen eine längerdauernde wirtschaftliche Depression in Deutschland ein. Sie entstand aus den Verlusten an Menschen, den Zerstörungen von Städten und Dörfern und dem Niedergang der Agrar- und Viehwirtschaft, die sich zwangsläufig auf Gewerbe und Handel auswirken mußten. Was noch schwerer wog, waren die Auswirkungen des Westfälischen Friedens durch die weitere Entmachtung des Kaisers und einen sich fortsetzenden Verfall des Reiches in absolutistisch regierte Länder mit partikularistischen Einzelinteressen. Sie hatten dem aus dem Krieg als moderne Großmacht hervorgegangenen Frankreich über ein Jahrhundert lang wenig entgegenzusetzen. Dabei hätte es im Zeitalter des Merkantilismus um so dringender einer koordinierenden Zentralgewalt zur Förderung von Gewerbe, Handel und Verkehr bedurft, die der Kaiser nicht mehr wahrnehmen konnte.

Auch Nürnberg verlor durch den langen Krieg seine Rolle im Fernhandel. Die neue europäische Konstellation führte seine Wirtschaft in den Abstieg, der aus dem Rückgang der Gewerbetreibenden abzulesen ist; ihre Zahl fiel seit der Zeit um 1620 bis zum Ende des 18. Jahrhunderts auf 65 Prozent zurück. Zwar blieb die Reichsstadt einer der Knotenpunkte des Handelsverkehrs, jedoch nur auf wenigen Routen. Es war die Straße über Würzburg nach Frankfurt, eine nächste über Ansbach nach Straßburg, eine weitere über Allersberg nach Salzburg und eine letzte über Erlangen nach Leipzig, die sich in zwei Stränge gabelte: einer lief über Bamberg, Coburg, Saalfeld, der andere über Bayreuth und Hof.

Wenn auch die Bemühungen von Handel und Gewerbe weitergingen, seine herausragende Stellung unter den Handelsmetropolen Europas hatte Nürnberg verloren, obwohl die allgemeine Güterproduktion immer mehr zunahm. Das geschah in einem Umfang, der den Verkehr vor Probleme stellte, denen die vorhandenen Straßen nicht mehr gewachsen waren. Aus diesem Zwang entstanden in Frankreich die ersten „Chausseen" — Kunststraßen mit Unterbau und fester Decke, die zu jeder Jahreszeit und bei jeder Witterung mit schwersten Lasten befahrbar waren.

Schon um die Mitte des 18. Jahrhunderts kam es zum Durchbruch des Kunststraßenbaus in Frankreich, während Deutschland hinterherhinkte. Am Ende des Alten Reiches war dieses Deutschland, um mit dem Historiker Michael Freund zu sprechen, „ein Gemengsel von kleinen und kleinsten Fürstentümern. Die meisten Staaten hingen in Fetzen auseinander oder hatten wenigstens fremde Enklaven inmitten des eigenen Landes". Man kann sich unschwer vorstellen, was dieser „Kleinstaatenjammer" mit seinen Zollschranken für die Wirtschaft, für den Verkehr und nun auch für den länderüberschreitenden Chausseebau bedeutet hat. Immerhin wurden wenigstens in den größeren deutschen Ländern Fortschritte erzielt, nachdem in der zweiten Häfte des 18. Jahrhunderts erste Versuche mit der neuen Straßenbautechnik unternommen worden waren.

Als nach dem Wiener Kongreß die fränkischen Territorien überwiegend an das Königreich Bayern gefallen waren, trieb die Regierung den Chausseebau nun mit Energie voran. Das kam auch den wichtigen Straßen zugute, die von Nürnberg ausgingen. So begann die „Neuzeit der Straße" mit der neuen Technik, denn ein völlig neues Wegenetz wurde nicht geschaffen. Einmal aus Kostengründen, vor allem aber wegen der Verhältnisse im Gelände wurden alte Trassen in der Regel beibehalten, wenn man von Abkürzungen, Begradigungen

Abb. 34 Fuhrmannseinkehr. Ausschnitt aus dem „Münchner Bilderbogen".
Die Zeit der alten „Fuhrmannsherrlichkeit" um die Wende des 18. zum 19. Jahrhundert wurde in einem späteren „Münchner Bilderbogen" geschildert, wovon der Ausschnitt „Einkehr und Abschied" in einem Fuhrmannsgasthof zeigt. Breitrandiger Hut, Kittel, hohe Schaftstiefel und Peitsche sind die unverwechselbaren Kennzeichen des selbstbewußten Berufsstandes in jener Zeit, die freilich bald zu Ende gehen sollte, als das Maschinenzeitalter mit den Eisenbahnen dem Verkehr ganz neue Akzente setzte.

oder Verlegungen absieht, die in Einzelfällen allerdings auch umfangreich sein konnten, denn es blieb nach wie vor das Ziel, den Durchgangsverkehr dem eigenen Territorium zu erhalten. Noch 1826 schrieb der bayerische Regierungspräsident: „Es ist eine der ersten Regeln der Staatswirtschaft, Handelsstraßen die höchstmöglichst längste Strecke im diesseitigen Staat zu erhalten". Und so wie er, dachten und handelten damals die anderen.

Dem Fuhrmannswesen brachte der Chausseebau eine Glanzzeit. Die neuen großen Frachtwagen mit breiten Rädern und vergrößerten Achsabständen und Spurweiten konnten Lasten von 60 Zentnern und mehr aufnehmen, die hoch geladen und mit Plantüchern abgedeckt wurden. Vier, fünf und sechs Zugpferde waren vorgespannt, die der Fuhrmann in hohen Schaftstiefeln und im blauen „Brabanter Kittel" durch Winken mit der langen Peitsche lenkte; sie waren auf den Straßen oft monatelang unterwegs *(Abb. 34)*.

Bevor jedoch die weiträumig erforderlichen Strecken der Chausseen vollendet waren, wurden sie von der Eisenbahn in fast wörtlichem Sinn überrollt. Nachdem 1835 die erste Eisenbahnstrecke Deutschlands eröffnet worden war, ließen neue Strecken nicht lange auf sich warten. Das Interesse an einer weiteren Chaussierung der Straßen ging zurück, zumal auch die Mittel hierfür — wegen der hohen Kosten bei dem Eisenbahnbau — gar nicht mehr zur Verfügung standen. Güter- und Personenverkehr verlagerten sich immer stärker von der Straße auf die Schiene.

Einen neuen Aufstieg haben die Verbesserungen des Verkehrs dem Nürnberger Handel nicht wieder bringen können. Er geriet durch die protektionistische Wirtschaftspolitik der Nationalstaaten vielmehr in immer größere Schwierigkeiten. Als Schrittmacher für diese Entwicklung ist in erster Linie Frankreich zu nennen, daneben aber auch Österreich, Bayern und Preußen. Selbst die kleineren Nachbarterritorien, wie die Markgrafschaft Ansbach und die anderen, trugen dazu bei, daß Gewerbe und Handel in Nürnberg mehr und mehr abflaute. Auch die politische Kraft der Reichsstadt, die das hätte verhindern können, war auf ein Minimum abgesunken.

Diesen Tiefpunkt Nürnbergs symbolisiert der Verlust der „Reichsinsignien", die 1796 vor den Franzosen nach Regensburg gebracht worden waren und dann nach Wien gelangten. Mit dem Ende des Alten Reiches wurde dort argumentiert, daß nunmehr alle früheren kaiserlichen Privilegien erloschen seien und somit auch das Dekret von 1423, mit dem die Kleinodien auf „ewige Zeit" der Reichsstadt in Verwahrung gegeben worden waren.

Nürnbergs Übergang an das Königreich Bayern im Jahre 1806 war ein entscheidender Wendepunkt seiner Geschichte. Zwar konnte der Beitritt Bayerns zum Deutschen Zollverein dem Nürnberger Handel keinen neuen Auftrieb mehr geben, das Verlorene war unwiederbringlich dahingegangen. Der Anschluß an das rasch wachsende Eisenbahnnetz brachte der Stadt jedoch eine erste Förderung. Und bald danach setzte die Gründung von Betrieben des Maschinenbaus, die durch die Namen Späth, Klett und Kramer gekennzeichnet sind, die Zeichen für die Entwicklung zur modernen Industriestadt. Eine neue Zeit hatte begonnen.

Kartographisches Verzeichnis

Besprochene und benutzte Quellen

Alte Kartendrucke und handgezeichnete Karten

„Romwegkarte“ von E. Etzlaub (1500)
„Landstraßenkarte“ von E. Etzlaub (1501)
„Das heilig Römisch reich“ von G. Erlinger (1515)
„Gelegenheit Teutscher lannd unnd aller anstos . . .“ von G. Erlinger (1524)
Nürnberger Umgebungskarte von G. Erlinger (nach 1524)
Die Nürnberger Wälder von H. Weigel (1559)
Nürnberger Stadtplan von J. Nöttelein (1564)
Nürnberger Stadtplan von P. Pfinzing (1594)
Umgebung der Stadt Nürnberg von P. Pfinzing (um 1596)
Karte „Franckenlandt“ von M. v. Eitzing (1579)
„Totius Germaniae novum Itinerarium“ von J. G. und G. C. Jung (1641)
Stadtplan von Nürnberg von M. Merian (1648)
„Tabula Geographica totius S. Imperii Romani. . .“ von J. U. Müller (1690)

Itinerare und Reisebücher

Stader Itinerar des Abtes Albert (um 1250)
Brügger Itinerar (um 1380)
„Meerfahrt“ des Hans Porner (1418/19)
Oberdeutsche Itinerarrolle (um 1520)
Straßburger Itinerarsammlung von S. Brand (1543)
„Raißbüchlin“ von J. Gail (1563)
„Wegbüchlin der fürnemsten Wege und gebräuchlichsten Straßen“ von G. Mayer (1590)
„Kronn und Außbund aller Wegweiser“ (1597)
„Itinerarium Universae Germaniae . . .“ von M. Quad (1602)
„Itinerarium Germaniae Nov — Antiquae. Teutsches Reysbuch . . .“ von M. Zeiller (1632)

Meilenscheiben

Augsburger Meilenscheibe von H. Rogel (um 1565)
Nürnberger Meilenscheibe von G. Kreyclein (um 1575)
Nürnberger Meilenscheibe von W. Strauch (nach 1575)
Erfurter Meilenscheibe (Ende 16. Jh.)
Nürnberger Meilenscheibe von J. Schirmer (1612)
Nürnberger Meilenscheibe von J. Schirmer (1613)
Augsburger Meilenscheibe von C. Augustin (1629)

Karten des 19. Jahrhunderts

Karte vom Fürstentum Würzburg von C. F. Hammer (1806)
Commercial-, Zoll- und Mautkarte von Bayern (1819)
Topographischer Atlas von Bayern (1840 ff.)

Neue Karten

Topographische Karten des Bayerischen Landesvermessungsamtes
Deutsche Generalkarten (Mairs Geographischer Verlag Stuttgart)

Bildquellennachweis

Akademische Druck- und Verlagsanstalt Graz: Abb. 16
Bayerische Staatsbibliothek München: Abb. 14, 15
Germanisches Nationalmuseum Nürnberg: Abb. 3, 11
Hauptstaatsarchiv München: Rückseite
Landesbibliothek Coburg: Abb. 21
Stadtbibliothek Nürnberg: Abb. 17
Stadtgeschichtliche Museen Nürnberg: Titelseite

Die übrigen Bilder stammen aus Privatbesitz, die Zeichnungen und Schwarzweißfotos vom Verfasser.

Literaturverzeichnis

Ammann, Hektor: Die wirtschaftliche Stellung der Reichsstadt Nürnberg im Spätmittelalter, in: Nürnberger Forschungen Bd. 13, Nürnberg 1970

Becker, D. J.: Chronika eines fahrenden Schülers, Regensburg 1869

Berninger, Otto: Geographische Grundlagen für die Entstehung und mittelalterliche Blüte Nürnbergs, in: Pfeiffer, Gerhard (Hrsg.): Nürnberg (siehe dort)

Bog, Ingomar: Wirtschaft und Gesellschaft im Zeitalter des Merkantilismus, in: Pfeiffer, Gerhard (Hrsg.): Nürnberg (siehe dort)

Bosl, Karl: Handbuch der historischen Stätten Deutschlands. Bayern, Bd. 7, Stuttgart 1965

Dahinten, Ernst: Die Hohe Straße über den Thüringer Wald von Coburg bis Ilmenau, in: Jb. d. Coburger Landesstiftung, Coburg 1967

Diwald, Hellmut: Anspruch auf Mündigkeit. 1400 bis 1555, in: Propyläen Geschichte Europas, Stuttgart 1975

Diwald, Hellmut: Geschichte der Deutschen, Frankfurt 1978

Emmerich, Werner: Das Hauptwegenetz des 11. Jahrhunderts in den oberen Mainlanden und seine Grundlagen in karolingischer Zeit, in: Jb. f. fränkische Landesforschung, Bd. 15, Kallmünz 1955

Endres, Rudolf: Ein Verzeichnis der Geleitsstraßen der Burggrafen von Nürnberg, in: Jb. f. fränkische Landesforschung, Bd. 23, Neustadt/Aisch 1963

Fehring, Günther / Ress, Anton / Schwemmer, Wilhelm: Bayerische Kunstdenkmale. Die Stadt Nürnberg, 2. Auflage, München 1977

Fischer, Waldemar: Die Sattelpaßstraße. Aus der Geschichte der Nürnberg-Leipziger Geleitsstraße, in: Fränkische Heimat, 20. Jg., Nürnberg 1941

Fischer, Waldemar: Linienführung, Bau und Verkehrsumfang spätmittelalterlicher Staatsstraßen, dargestellt an den Straßen der Pflege Coburg, Diss. Berlin 1941

Freund, Michael: Deutsche Geschichte, Gütersloh 1974

Gasner, Ernst: Zum deutschen Straßenwesen. Von der ältesten Zeit bis zur Mitte des XVII. Jahrhunderts, Wiesbaden 1889

Historischer Atlas von Bayern, Teil Altbayern, München 1950 ff.

Historischer Atlas von Bayern, Teil Franken, München 1952 ff.

Hitzer, Hans: Die Straße. Vom Trampelpfad zur Autobahn. Lebensadern von der Urzeit bis heute, München 1971

Hofmann, Hanns Hubert: Nürnberg. Gründung und Vorgeschichte, in: Jb. f. fränkische Landesforschung, Bd. 10, Nürnberg 1950

Höhn, Alfred: Altstraßen im Coburger Land, in: Jb. d. Coburger Landesstiftung, Coburg 1983

Kellenbenz, Hermann: Wirtschaftsleben im Zeitalter der Reformation, in: Pfeiffer, Gerhard (Hrsg.): Nürnberg (siehe dort)

Kellenbenz, Hermann: Wirtschaftsleben zwischen dem Augsburger Religionsfrieden und dem Westfälischen Frieden, in: Pfeiffer, Gerhard (Hrsg.): Nürnberg (siehe dort)

Krüger, Herbert: Des Nürnberger Meisters Erhard Etzlaub älteste Straßenkarten von Deutschland, in: Jb. f. fränkische Landesforschung, Bd. 18. Kallmünz 1958

Krüger, Herbert: Oberdeutsche Meilenscheiben des 16. und 17. Jahrhunderts als straßengeschichtliche Quellen, in: Jb. f. fränkische Landesforschung, Bd. 23, 24, 25, 26, Neustadt/Aisch 1963 — 1966

Krüger, Herbert: Das älteste deutsche Routenhandbuch, Jörg Gails „Raisbüchlin", Graz 1974

Lippert, Friedrich: Der Verkehr auf den Bayreuther Geleitsstraßen 1248 — 1700, in: Archiv für Geschichte und Altertumskunde von Oberfranken, Bayreuth 1931

Miller, Max: Handbuch der historischen Stätten Deutschlands. Baden-Württemberg, Bd. 6, Stuttgart 1965

Mottek, Hans: Wirtschaftsgeschichte Deutschlands. Von den Anfängen bis zur Zeit der Französischen Revolution, Berlin 1960

Müller, Johannes: Die Hauptwege des Nürnbergischen Handels im Spätmittelalter, in: Archiv f. Kulturgeschichte, Bd. 5, Berlin 1907

Müller, Johannes: Geleitswesen und Güterverkehr zwischen Nürnberg und Frankfurt a. M. im 15. Jahrhundert, in: Vierteljahrsschrift für Social- und Wirtschaftsgeschichte, Bd. V, Stuttgart 1907

Müller, Johannes: Der Umfang und die Hauptrouten des Nürnberger Handelsgebietes im Mittelalter, in: Vierteljahrsschrift für Social- und Wirtschaftsgeschichte, Bd. VI. Stuttgart 1908

Patze, Hans: Handbuch der historischen Stätten Deutschlands. Thüringen, Bd. 9, Stuttgart 1969

Petry, Ludwig: Handbuch der historischen Stätten Deutschlands. Rheinland-Pfalz und Saarland, Bd. 5, Stuttgart 1976
Pfeiffer, Gerhard (Hrsg.): Nürnberg — Geschichte einer europäischen Stadt, München 1971.
Pistorius, Wilhelm Friedrich: Lebens-Beschreibung Herrn Götzens von Berlichingen, Nürnberg 1731
Rauers, Friedrich: Zur Geschichte der alten Handelsstraßen in Deutschland, in: Petermanns Mitteilungen, Bd. 52, Gotha 1906
Rebhahn, Julius: Die Sattelpaßstraße. Ein Teilstück der Heer- und Handelsstraße Nürnberg — Leipzig zwischen Obermain und dem oberen Saaletal bei Saalfeld, Sonneberg 1968
Roppelt, Johann Baptist: Historisch-topographische Beschreibung des Kaiserlichen Hochstifts und Fürstenthums Bamberg, Nürnberg 1801
Sante, Georg Wilhelm: Handbuch der historischen Stätten Deutschlands. Hessen, Bd. 4, Stuttgart 1976
Schäfer, Hans-Peter: Die Entwicklung des Straßennetzes im Raum Schweinfurt bis zur Mitte des 19. Jahrhunderts, in: Mainfränkische Studien, Bd. 13, Würzburg 1976
Schleswig-Holsteiner Universitätsgesellschaft (Hrsg.): Das Einkaufsbüchlein der Nürnberg-Lübecker Mulichs auf der Frankfurter Fastenmesse des Jahres 1495, Breslau 1931
Schnelbögl, Fritz: Topographische Entwicklung Nürnbergs, in: Pfeiffer, Gerhard (Hrsg.): Nürnberg (siehe dort)
Schnelbögl, Fritz: Topographische Entwicklung im 14. und 15. Jahrhundert, in: Pfeiffer, Gerhard (Hrsg.): Nürnberg (siehe dort)
Schremmer, Eckart: Die Entwicklung der gewerblichen Wirtschaft und des Handels bis zum Beginn des Merkantilismus, in: Spindler, Max (Hrsg.): Handbuch der bayerischen Geschichte (siehe dort)
Schultheiß, Werner: Die Entdeckung Amerikas und Nürnberg, in: Jb. f. fränkische Landesforschung, Bd. 15, Kallmünz 1955
Spindler, Max (Hrsg.): Bayerischer Geschichtsatlas, München 1969
Spindler, Max (Hrsg.): Handbuch der bayerischen Geschichte, dritter Band, Franken, Schwaben, Oberpfalz bis zum Ausgang des 18. Jahrhunderts, München 1971
Stromer Frhr. von Reichenbach, Wolfgang: Handel und Gewerbe der Frühzeit, in: Pfeiffer, Gerhard (Hrsg.): Nürnberg (siehe dort)
Stromer Frhr. von Reichenbach, Wolfgang: Wirtschaftsleben unter den Luxemburgern, in: Pfeiffer, Gerhard (Hrsg.): Nürnberg (siehe dort)
Veit, Ludwig: Handel und Wandel mit aller Welt. Nürnberg und der Welthandel, München 1960
Weigel, Helmut: Straße, Königscentene und Kloster im karolingischen Ostfranken, in: Jb. f. fränkische Landesforschung, Bd. 13, Kallmünz 1953
Weigel, Helmut: Was ist Straßenforschung? I. Geschichtliche Grundlagen, in: Frankenland, Jg. 6, Würzburg 1954
Weller, Karl: Die Hauptverkehrsstraße zwischen dem westlichen und östlichen Europa, in: Württembergische Vergangenheit, Stuttgart 1932
Wigand, Paul: Denkwürdigkeiten für deutsche Staats- und Rechtswissenschaften, für Rechtsaltertümer, Sitten und Gewohnheiten des Mittelalters, München 1854
Zorn, Wolfgang: Liberalisierung der Wirtschaft und Frühindustrialisierung, in: Pfeiffer, Gerhard (Hrsg.): Nürnberg (siehe dort)

Inhalt